高音　主编

欧阳予倩文献
图传

杨乐　林金姬 ◎ 编

社会科学文献出版社
SOCIAL SCIENCES ACADEMIC PRESS (CHINA)

编写说明

　　本书的文字部分以正文及附录组成，正文均为欧阳予倩本人所作，大部分出自公开出版物，包括：《自我演戏以来》（中国戏剧出版社，1959）、《谭嗣同书简·序》（桂林文化供应社，1943）、《回忆春柳》（《戏剧论丛》第三辑，中国戏剧出版社，1957）、《我怎样学会了演京戏》（《戏剧报》1954年第1期）、《粤游琐记》（《南国月刊》第1期，1929年）、《怀旧录》（《欧阳予倩全集》第四卷，上海文艺出版社，1990）、《后台人语　二》（《文学创作》第1卷第4期，1943年）、《后台人语　三》（《文学创作》第1卷第6期，1943年）、《后台人语　四》（《文学创作》第2卷第5期，1943年）、《关于广西省立艺术馆的一些情况》（《念年之别：欧阳予倩集外文档》，生活·读书·新知三联书店，2023）、《一九四四到四六》（《半月文萃》第3期，1946年）、《电影半路出家记》（《电影艺术》1961年第2期）、《开国周年志感》（《胜利一周年——庆祝中华人民共和国开国一周年联合特刊》，《文艺报》《人民文学》《人民美术》《人民戏剧》《人民音乐》联合刊发，1950年10月）、《中央戏剧学院十年》(《戏剧学习》1960 年第 9 期)。另有《欧阳予倩简易的自传》《我的思想汇报》是首次公开的欧阳予倩手稿，两文件目前均保存于中央戏剧学院。

附录部分《欧阳予倩同志悼词》《欧阳予倩同志生平事略》，均选自欧阳予倩同志治丧委员会秘书组编《悼念欧阳予倩同志》(1962);《欧阳予倩大事年表》则由编者整理。

因篇幅所限，本书在编写过程中对原文做了节选处理，但先生的行文习惯、用词用字，尽量保持原貌，如"甚么"等，影响阅读之处，以原字后附方括号的形式修订，即：原字 [修订字]，或用圆括号补足缺漏部分。如原文有明显讹误之处，则径改不注。原文不可识别的文字，用"□"标识。此外，全文标点按现在的阅读习惯予以调整，在此一并说明。除原文注释外，编写者还增加了部分注释，以说明时代背景或相关人物信息，便于读者阅读。

本书的图片大多源自中央戏剧学院的收藏，此外少量图片由欧阳予倩外孙欧阳维教授，收藏家齐凯先生，瞿白音、田念萱之子瞿向明先生，夏衍孙女沈芸女士，收藏家方继孝先生，许幸之之子许国庆先生及上海图书馆提供，在此一并表示感谢。任何人在未经编者许可的情况下，不得擅自复制、发行、展示本书图片。

编写者

2024 年冬

目　录

欧阳予倩简易的自传　//　001

少年飞跃向真理（1889—1906）//　021

　　锣鼓点与革命潮　//　023

　　回忆七叔谭嗣同　//　034

春柳依依忆旧时（1907—1915）//　039

　　春柳社的开场　//　041

得天欧子擅歌喉（1916—1918）//　067

　　我不过是一个伶人　//　069

伶工更俗济时方（1919—1921）//　085

　　在南通住了三年　//　087

遍尝歌场苦与甘（1922—1928）//　105

　　舞台与银幕之间　//　107

回龙桥畔试新声（1929—1931） // 137

　　粤游琐记 // 139

风檐茹恨写新歌（1932—1937） // 151

　　参加苏联第一届戏剧节 // 153

　　改革旧戏，孤岛救亡 // 173

迈进毋畏途路艰（1938—1945） // 185

　　桂剧焕新，港岛幕启 // 187

　　关于广西省立艺术馆的一些情况 // 220

　　一九四四到四六 // 222

浮沉磨折无自由（1946—1948） // 227

　　台游杂拾，在香港拍电影 // 229

芬芳桃李遍神州（1949—1962） // 247

　　开国周年志感 // 259

　　我的思想汇报 // 283

　　中央戏剧学院十年 // 326

附录一　欧阳予倩同志悼词 // 350

附录二　欧阳予倩同志生平事略 // 353

附录三　欧阳予倩大事年表 // 357

后　记 // 371

欧阳予倩简易的自传*

欧阳予倩,湖南省浏阳县人。一八八九年初夏生,今年六十五岁。从六岁到十二岁在家塾读书;十三岁随祖父到北京读书,住过十个月;十四岁入长沙经正中学;十五岁到日本,进成城中学;一九〇六年结婚;一九〇七年入明治大学商科;一九〇八年改入早稻田大学文科未毕业,后来又作校外生,修业完了。

我曾祖是个穷秀才。我祖父名中鹄,他以苦学成为有名的学者。唐才常、谭嗣同都是他的学生。我出生的时候家里已能勉强温饱,我幼年的生活就过得不错,我的家庭在那时候是相当进步的。我八岁已经读过天文地理的通俗歌诀(谭嗣同带回去的)——好像是《天文歌》《括地歌》,记得八大行星的名称,知道地球是圆的,围绕着太阳。我九岁就读过一年英文。十二岁读完了四书五经;同时学了算学。十三岁学了代数、几何。

———

* 《欧阳予倩简易的自传》写于 1953 年,是欧阳予倩的入党材料之一,手稿现藏于中央戏剧学院。本文属首次公开,由杨乐根据手稿整理,标点有改动。

唐才常是我的蒙师，谭嗣同经常在我家里，戊戌政变后他们都被杀了（那时我十岁）。我祖父也被劣绅们嫉视，躲在家里，这给我的刺激很大。到北京那年又恰好遇到吴樾被杀。有一天我走过菜市口，正当秋决，那里就是刑场，我听得有囚徒在席棚里发出临死前的悲歌，看见刽子手正点着香祭起行刑的鬼头刀，感到异常难过，悲凉愤慨不可终日。那时我读了梁启超办的《新民丛报》，多少懂得一些时事，又听得祖父经常谈起一些慷慨义烈的故事，颇有仁人志士之思。

十四岁（一九〇二），（在）长沙进了经正中学。教员中有好几个是同盟会的青年，他们劝我到日本，我就把辫子剪了以示决心。我父亲也答应了，给我凑了学费，那年冬天我就到了东京。那时我祖父已经由一个七品小京官外放，作了广西桂林府的知府。他官至西提法使司（臬台），辛亥年（一九一一）病死于任所。

我父亲因患肺病，没有做甚么事，四十二岁就死了。我祖父到死没有买过半亩田，祖父死后，祖母变卖了首饰，并她一点私蓄，得银元二千有余，买了水田八顷（约合八十亩，每顷丰收可得廿石谷子），不到一年就被我兄弟卖去四顷还了赌债。其余四顷因怕他再卖，便作为祭田保存起来。从一九一四我将全家接到上海，这份田便交由一家本家收租，一直到解放，我们没有管过。照土改条例，收租六年就是地主，我那本家吃了三十多年租谷，就被划为地主，并没被斗争。我那本家叔叔欧阳自秣，原是电话公司管材料的职员，听了我的话，学会了装设电话和装高压线，抗战中在黔桂路装线工作中被敌机炸死，留下一个母亲，一个老婆，三个儿女。他的家就靠那四顷田的租谷维持，但是我还帮忙培养了他一个大女儿。他的小儿子现在中学，他的二女儿现充小学教师，已经入了党。她每月从薪金中抽出一部分钱为她母亲还退押的款子，我经常寄点书籍给她。

照以上的情形，我的家庭成分是世家——官僚家庭，所谓书香门第，似乎还不是地主。至于我自己，从一九一二年就在外边自谋生计，没有吃过租米，可以说是个小资产阶级自由职业者。

一九〇七我在东京加了李息霜、曾孝谷二人所发起的春柳社，演出了《黑奴吁天录》。一九〇九年演出了《热血》，这是根据法国沙都[①]的《杜斯卡》改译的。此外还演过一些独幕戏。我在春柳社成了重要的演员。

一九一三年整年在湖南长沙组织剧团，最初仍用春柳名义，以后改组为"文社"，为袁世凯的走狗汤贼乡铭所迫解散，大家回到上海。最初和陆镜若等组织新剧同志会，跑码头；后来用春柳社名义在上海谋得利剧场演出了（新戏）一年。同时学习了京戏。经过相当的苦练，于一九一六年正式成为职业的京戏演员，间或也演新戏（话剧）。在上海各个舞台和较大的码头都搭过班子，也多方尝试过改革京戏。

因为听说南通州是模范县，想去看看。一九一七年去演了一个星期戏，张季直留我在那里，我便于一九一八年解除上海新舞台的聘约到了南通。办了一个伶工学校，造了一个剧场叫"更俗剧场"。[②]

---

① 沙都，今译萨都。
② 更俗剧场，1919 年由欧阳予倩提议，经实业家张謇支持，在江苏南通兴建的新型剧场，剧场取名"更俗"，寓意"除旧布新，移风易俗"。

最初以为到南通独当一面，可能做一些改革戏剧的试验，在那里三年，并没有什么收获，最后弄得不愉快地于一九二一年离开了所谓"模范县"。离开南通又在上海搭班子。我究竟对戏剧还是有些想头，可是上海所有的戏馆都控制在流氓手里，要搭班子不免要演些无聊的戏，还要沤[怄]些莫明[名]其妙的气。新戏堕落到不可救药，京戏也走入了魔道，我仅仅是靠搭班维持生活，越来越感到空虚。由于受了"五四运动"的影响，曾经写文章以否定的看法批评了京戏，可是一个时候我虽对搭班演戏已不感兴趣，也不可能说改行便马上改行。从一九二一我搭过亦舞台①，新舞台，新舞台因齐卢之战②的影响解体，我不得已到大连搭班，回来又搭第一台，又跑码头，再回到大舞台，我感到疲倦了。一九二六年宁汉分裂③，蒋介石在南京成立总司令部，陈铭枢当政治部主任，田汉参加了政治部，要我到南京作艺术指导员，我辞掉大舞台的事去了。因此认识了陈铭枢。孙传芳打过江来，蒋介石跑了，我和田汉、唐槐秋都相当狼狈地回到上海，从此以后我就没有正式搭班演戏，便开始搞电影。

一九二一年、二二年之间我认识了田汉，二二年认识了云卫。即于是年我参加了上海戏剧协社。不久我认识了洪深，并介绍他和田汉见面，他也参加了戏剧协社。排《少奶奶的扇子》第一次男女合演，我极力为男女合演做

① 亦舞台，民国初年上海重要的演出场所。1912年由京剧艺人王又宸创办，初名中华大戏院。不久后，新剧团体民鸣社迁入，改名民鸣新舞台。1917年起由常春恒等经办，改名亦舞台，长期演出京剧。
② 指1924年江苏督军齐燮元与浙江督军卢永祥之间进行的战争。
③ 原文如此，宁汉分裂时间应为1927年。

宣传，并自己决心停止演旦角。

从南京回来，田汉组织南国社，我加入了，并在南国艺术学院教课。一九二八年春我和周信芳演出了我所编的《潘金莲》，把潘金莲作为封建势力下的被牺牲者，戏很轰动，有许多人学，可是现在看起来有很多毛病。一九二七我拍了一部电影《玉洁冰清》，一九二八又拍了一部《天涯歌女》、一部《三年以后》。我就离开了民新公司，陈铭枢忽然来看我，要我到广东去搞戏剧运动，我便于二八年冬天和他一同到了广州，他介绍我见了李济深。

我到广州，把南国社全体社员都约去演了一个多月戏，算是为新开办的广东戏剧研究所打下一套开场锣鼓。除南国社原有的一些戏，我编了几个独幕剧也上演了（《空与色》《车夫之家》等）。广东的绅士和省党部都不满意，因为陈铭枢支持，没有禁演。南国社不久就回到了上海。

我在广东办戏剧研究所，附设了一个戏剧学校，毕业过一班学生，廿人不到，后来又办了一个音乐学校，一个管弦乐队（马思聪曾当队长），办了一个杂志《戏剧》。当时广东政变频繁，由李济深换陈铭枢，再换陈济棠，接连不断的内战，戏剧研究所也时办时停，一共办了三年，三年中停了三次。最后汪精卫打着反蒋的旗子到了广东，他写了封很客气的信找我去谈过一次话，谈的些什么我忘了，我只记得他特别恭维我而批评田汉、洪深。这使我回忆起一九三〇年戴季陶也对我讲过类似的话，当时我和对戴季陶一样唯唯否否而退。我深知道他们是要想拉我，可是要我表示反共，所以提起和一同搞戏的朋友，试探我的态度，我不表示任何态度，他们就不会再找我。

我不久便离开了广州到了香港，最后回到上海。这是一九三一年十月的事。

一九三一年十一月我又和陈铭枢见了面，他给我了一笔款，我便在上海组织了一个"现代剧团"。参加的有应云卫、唐槐秋等。那时候南国社已解散，田汉已只能从事于地下活动。我在他的秘密寓所见了他，同时在另外一个地方和沈端先、阳翰笙、钱杏邨等见了面，他们对我并没有谈到什么政治问题，我只知道有一个口号是"争取公开"。我办现代剧团，有些青年不以为然，我间接听到批评，说我是走政府路线，但是我以为这也未尝不是"争取公开"之一道。那时我的艺术思想极为混乱：一方面要求进步，喊着艺术是武器；另一方面艺术至上的思想还在纠缠不清。我空洞地唱着"民众艺术""到民间去"的口号，我可不知道怎样才能到民间去，我那时只想搞起一个剧，搞到那里算那里，并没有觉察到没有正确的中心思想为骨干，像那样和一个国民党的官吏合作是危险的。

现代剧团的班子凑起来了，在上海江湾路租了一所房子，大家住了进去，正预备拍戏，恰好"一·二八"事变爆发，团体就解散了，我算是脱除了一个包袱，我的思想也向前推进了一步。原来我虽然响应抗日救国的号召，但我在广东所写的《李团长之死》《这才明白了》等宣传抗日的剧本还不免对马占山之流存在着多多少少的幻想；"一·二八"事件［变］以后我感觉到只有工农才能救国。蒋介石反动派的横暴、豪绅地主们的堕落、知识分子的软弱（包括我自己）在"一·二八"的事变中暴露无遗。我又想起五卅事变时张季直曾有公开信反对上海工人、学生的行动，类似的许多材料使我证明了"阶级意识超过民族意识"的说法完全正确。于是我写了一个十九景的活报剧《不要忘了》（从九一八事变到李顿调查团来中国）和一个独幕剧《同住的三家人》。这些我写得虽不好，可以看得出我思想转变的痕迹。"一·二八"事变后，我曾为四十年代剧团导演过夏衍的《秋瑾》《赛金花》等。

一九三二年秋，陈铭枢约我同到欧洲，刚要动身，陈立夫派人送旅费三百元、飞机票一张，并一封信，说蒋介石要见我，让我马上飞武汉。我回信说就要动身到欧洲，来不及了，婉言辞谢，把旅费和飞机票退了回去。不巧得很，陈铭枢因为船票的关系忽然把行期延迟了两星期，我一想不妙，只得另搭一条船先到香港等他。

到欧洲，在法国住了半年，看了很多戏。在巴黎遇到和袁牧之一同搞艺术剧社的朱穰丞①，他介绍我参加过好几次法英的晚会，他又为留法的华工组织晚会，介绍苏联影片。我和冼星海和他一道，冼星海拉小提琴，我唱中国小曲，也还有些法国工人参加。就这样在巴黎郊外找机会举行，每次都到深夜。

一九三三初夏，我到了苏联参加第一届的戏剧节。先到列宁格拉②，再到莫斯科，住了一个半月，回到柏林。同年秋天再到苏联看了更多的戏，并到了乌克兰和黑海沿岸一些地方参观，这次一共住了两个月。回头到伦敦，

① 朱穰丞（1901—1943），江苏苏州人，曾任辛酉学社爱美剧团团长并在上海艺术大学任教。20世纪30年代，曾前往法国勤工俭学，后在苏联莫斯科等地从事戏剧工作。

② 列宁格拉，今译列宁格勒，即圣彼得堡市。

在莎士比亚故乡看了纪念演出的几个戏。陈铭枢因十九路军催促提早回国，他一到香港就打电报要我快回，我便于一九三三年十月底回到香港，马上就到了福州，参加了福建"人民政府"[①]。那时候的"国旗""国歌"都是我拟定的。当时我并不同意李济深、陈铭枢的做法。我曾经对陈铭枢表示过这样的意见：我以为如果要积极反蒋抗日，那就率性把十九路军全部加入中共，不然就暂时维持现状，走中间就可能会被夹扁。我的意见没被注意。我到了福建之后很想到苏区去，可是找不到门路。据说陈公培[②]去了回来，我去问他，他支吾其词。我从间接听到些消息，那次和中共方面接洽得不圆满。而李、陈左右有许多是反动分子，例如胡秋原就是最显著的，我亲自听见他对程希孟[③]说反共的话。我深深感到前途黯淡而无可如何，不等到蒋匪派飞机来投弹，内部已呈分崩之象。不久十九路军在撤退中解体了，我跑到香港，又流亡到日本住了半年。通缉令取消（听说是叶楚伧[④]把我的名字圈掉了），我于一九三四年冬回到上海。

一九三四冬为新华公司编导了一部电影《桃花扇》（时装的）。一九三五

---

① 福建人民政府，即 1933 年 11 月 22 日，19 路军成立于福建的"中华共和国人民革命政府"，后被南京国民政府镇压。

② 陈公培（1901—1968），湖南长沙人，早年曾加入中国共产党。1927 年参加南昌起义，失败后到上海，不久脱党做了陈铭枢幕僚。新中国成立后，曾任中央人民政府政务院、国务院参事，第二至四届全国政协委员等职。

③ 程希孟（1901—1976），江西抚州人，曾留学美国、英国，1933 年担任"中华共和国人民革命政府"文化委员。新中国成立后，担任中国国际贸易促进委员会研究室主任，第二至四届全国政协委员等职。

④ 叶楚伧（1887—1946），江苏苏州人，曾任国民党中央宣传部部长、江苏省政府主席等职。

改进明星公司，编导了《小玲子》《清明时节》等片。一九三六加入联华公司，编导了《如此繁华》。同时参加"业余剧人"改译兼导演了《黑暗之势力》。同时并抽暇为学生们写了几个宣传抗日救国的独幕剧。《如此繁华》没拍完"八一三"战事就爆发了。最初我负责组织电影界救亡协会，后来加入戏剧界和京剧界救亡协会，被选为文化界救亡协会理事，和大家一同组织救亡演剧队，写些抗战宣传品。

上海、南京相继沦陷，我在租界内组织了一个中华京剧团，推金素琴[①]为团长，我当导演。第一个戏演的是《梁红玉》，这个戏我赶着在五天内写成，用三天工夫赶排的；第二个是《渔夫恨》；第三个我赶编了《桃花扇》，这个戏因排练的时间太短而演员又不合作，演得不好，可是在当时曾获得一定的效果。在这个戏上演以后，汉奸、特务一步紧一步跟着逼迫我，威逼利诱接连不断，一定要我和日寇见面。我估计很难躲藏，我便和殷扬（现改名扬帆[②]）商量，他约了几个朋友一同讨论了一下，大家主张我快走，我便设法秘密离开上海，到了香港。恰好马君武[③]（广西大学校长，在日本时的同学）打电报要我到桂林帮忙改进桂戏，我便到了桂林（一九三八年五月）。

马君武当过广西省长，脾气不好，常爱发牢骚，黄旭初便帮他弄一个

① 金素琴（1912—2003），浙江杭州人，著名京剧演员。20 世纪 30 年代起，在上海搭班唱戏，颇受欧阳予倩赏识。

② 扬帆（1912—1999），江苏常熟人，原名石蕴华，曾名殷扬。曾在南京国立戏剧学校任总务主任，又在新四军、华中局、华东局任职。新中国成立后，任上海市公安局副局长。

③ 马君武（1881—1940），广西桂林人，曾赴日本、德国留学。同盟会会员、南社社员，曾任中华民国广西省省长、上海大夏大学校长等职。

桂剧团为他消遣之资，他也就落得捧捧角看看戏聊以自娱，却挂起"社会教育"的招牌。我的意见和他完全谈不拢，我的脚本他都不赞成，尤其反对《桃花扇》。这样我就无意久留，勉强排完一出《梁红玉》，我就和徐悲鸿一同跑到香港。谁知《梁红玉》大卖其座，由于这个戏置办了全副新行头箱，还买了一块地为建筑剧场之用，于是他们又想到我。

我到香港，恰好唐槐秋带了中国旅行剧团在那里。我为他们排了《流寇队长》《魔窟》《一心堂》《钦差大臣》《日出》等戏。以后中旅大部分人脱离唐槐秋，要我帮他们的忙。我同情他们，便帮他们组织了中华艺术剧团，我便背上了一个无目的的包袱。这是我所做不智的事情之一。最后团体维持不下去，蔡楚生、罗静予[1]把全体团员收容去拍电影。恰于此时，我接到马君武、白经天（北京大学原教授）的信劝我回桂林，那时也只有桂林可去，我便同意了。一九三九年八月回到桂林，马君武将桂剧团全部交给我。一九四〇年，广西省政府又把徐悲鸿所组织的广西省立艺术馆移交给我，因为悲鸿到重庆成立了美术学院，不再回广西。

我在香港为上海新华公司写过一个电影《木兰从军》，内容是借历史传说作抗战的宣传。导演卜万苍[2]曾把剧本加以若干改动，并加了些庸俗的笑料，但大体也还马马虎虎。这个影片打破了当时国产片的卖座纪

---

① 罗静予（1911—1970），四川成都人。曾任香港大地影业公司经理、制片人，中国电影制片厂厂长。新中国成立后，参与北京电影制片厂和北京电影洗印厂的筹建，历任中央电影局制片处处长、北京电影制片厂总工程师等职。

② 卜万苍（1903—1974），安徽滁州人。曾任中华影片公司摄影、民新公司导演、明星公司导演等，与欧阳予倩合作过《玉洁冰清》等电影作品。后移居香港，创办泰山影片公司。

录。阿英把剧本在他所办的一个杂志上发表了，我看和我原作有出入，当时也没有声明纠正，我以为在已成孤岛的上海不可能照我原作那样发表。及至这个影片到了重庆，国民党的中国制片厂^①厂长郑用之说这影片是用日本制的底片拍成的，带了许多人在放映的时候把全部拷贝抢出来当众焚毁，并大事宣传，也攻击到我。结果夏衍写了篇文章发表在《救亡日报》，帮我作了解释，这比我自己声明还要有力。接着新华公司又印了一个新拷贝从新送审，又在重庆上演了。据说这件事很复杂，可是我没有仔细追问。

我二次到桂林，从一九三九初冬到一九四四桂林沦陷为止，没有到过别处。那几年许多文化人集中桂林，一时有"西南文化城"之称，其中斗争甚为激烈。我们不过是利用桂蒋之间的一些矛盾和抗战时期的特殊情况来进行斗争，许多升沉变化在此无从细述，只能略谈我个人做的一些事。

艺术馆分音乐、戏剧、美术三部分。音乐有合唱队，经常演奏；美术方面国画和洋画都有，也开过好几次展览会；音乐方面没有什么进步的音乐家参加，如陆华柏^②、陈欣和一些搞器乐的都偏向于艺术至上，所以只有很大的个人意见，没有表现对当局的矛盾。美术方面由悲鸿的学生主持，但

---

① 中国制片厂即 1938 年成立的"中国电影制片厂"，简称"中制"，先由郑用之担任厂长，后由蔡劲军、罗静予先后接任。

② 陆华柏（1914—1994），江苏人，作曲家、音乐家。毕业于武昌艺术专科学校，后在广西省立艺术馆工作。新中国成立后，先后在中央戏剧学院、华中师范学院、广西艺术学院等处工作。

有些进步青年如刘建庵①、蔡迪支②等参加，曾因展览的作品被反动派嫉视而受到打击。戏剧专搞话剧，我导演的多幕剧有《国家至上》（老舍作）、《心防》（夏衍作）、《愁城记》（夏衍作）、《忠王李秀成》（予倩作）、《天国春秋》（阳翰笙作）、《草木皆兵》（夏衍等作）、《旧家》（予倩作）、《小人物狂想曲》（沈浮等作）八九个戏。独幕剧有《战地鸳鸯》《越打越肥》《一刻千金》（以上三剧予倩作，只演一次就被禁止），《在旅馆里》（苏联雅鲁纳尔作，扬帆译），《桂林夜话》（予倩作），《思想问题》（予倩作），《凯旋》（西南联大的学生作）。以上三剧③演后为特务诬控"侮辱国军"。此外不是我导演的，还演过曹禺的《日出》、章泯的《故乡》、吴天译的《独裁者》等。我所写的剧本《旧家》很坏，因为审查通过的关系，弄得支离破碎，这个戏也只演二三场就停止了。

我为桂戏排了《梁红玉》《人面桃花》《桃花扇》《黛玉葬花》《胜利年》《搜庙反正》《渔夫恨》《木兰从军》（以上八个予倩作），《玉堂春》（予倩改编）等九个戏。

我在桂林和大家组织过文协，办过一次戏剧展览，有五六个演剧队集中演出了许多节目，积极的收获说不上什么，但像《蓝蝴蝶》《野玫瑰》一类的反动剧本没有让它演出，也算是表示了一下方向。进步的剧人便借此碰了

① 刘建庵（1917—1971），山东邹平人，版画家。曾在桂林从事进步的木刻运动，为广西省立艺术馆雕刻过浮雕。新中国成立后，在文化部工作。
② 蔡迪支（1918—2008），广东顺德人，版画家。中国美术家协会会员，一级美术师，曾任广东画院副院长。
③ 原文如此，应为四剧。

一次头。

一九四四七月，桂林紧急疏散，我和艺术馆一部分人退到昭平县。在那里和陈劭先[1]、张锡昌[2]、千家驹[3]、徐寅初[4]、胡仲持[5]等联络当地绅士和县政府组织了自卫委员会，办了一张油印报《广西日报·昭平版》，后来弄到了一部手摇印刷机，便改出铅印小报。由陈劭先任社长，胡仲持任总编辑，这个报和当地国民党县党部所办的《昭平报》形成对立。因为我们朋友中有精通无线电的，把收音机改成收报机，能直接收各国通信社的电报，还能收听各国的广播，所以我们的消息最快，报的销路也自然好些。昭平吃紧，我们疏散至深山中一个村落黄姚，一到那里首先就设法恢复了报纸。这个报在黄姚送给疏散去的人看，每天都不到五十份，可是实际的销数每天从八百份一下就增加为二千八百份以至三千份。有组织的青年用驿递的办法三十里一

① 陈劭先（1886—1967），江西宜春人，清末秀才，早年留学日本，参加同盟会。全面抗日战争时期，担任桂林文化供应社社长。新中国成立后，担任中央人民政府政务院委员、民革中央常委。

② 张锡昌（1902—1980），江苏无锡人，经济学家。全面抗日战争时期，担任《广西日报》主笔。新中国成立后，历任中央财经委员会秘书、交通部办公厅副主任、内务部办公厅主任等职。

③ 千家驹（1909—2002），浙江金华人，经济学家，中国民盟成员。曾任北京大学教师。新中国成立后，担任中国人民银行总行顾问，清华大学、交通大学教授，政务院财经委员会委员，中央社会主义学院副院长，第二至五届全国政协委员，第六、七届全国政协常委。

④ 徐寅初（1902—1974），浙江嘉兴人，原名徐旭，图书馆学家、经济学家，中国民盟成员。曾担任江苏省立民众教育院图书馆主任，国立桂林师范学院总务长。

⑤ 胡仲持（1900—1968），浙江绍兴人，出版家、记者。曾在《申报》等知名报刊担任编辑，后任《华商报》副总编辑。新中国成立后，担任《解放日报》编委、《人民日报》国际部资料组组长，外文出版社图书编辑部副主任等职。

站，按站传递，一直销到江西沦陷区。反动派的特务攻击这个报，最初就说胡仲持是共产党，要拿办他，追得胡仲持发了疯（大家以身家保他）。接着就攻击陈劭先，陈劭先不愿当社长了，便改由我任社长。千家驹、徐寅初、张锡昌分头写社论。这样办了八个月，直到日本投降，被迫停办。

我们在黄姚办过农民识字班，并为地方办起了一所初级中学、一个图书馆。那时候，有些地下党员因为响应王震同志南下，就在桂林、阳朔之间组织了名叫"桂阳联队"的抗日游击队。他们没被日本鬼子消灭，却被白匪崇禧埋伏下的特务走狗带着兵把他们打散，杀死不少人。一部分逃到黄姚，我就让他们改换名姓，安插了三个人在中学里教书。他们掩蔽得很好，一直得学生拥护，当地绅士也尊敬他们。我们离开黄姚将近七个月（四六年夏）他们才一个一个走掉，到广东组织起来。当《广西日报·昭平版》在黄姚遭遇困难的时候，地下工作的同志经常鼓励我们，并帮着推销。有一省委（当时我只知道他是党员，以后才知他是省委，他假姓廖，解放前被杀了）就和我同住一家人家，经常谈话。他和我一个远亲庄理林要到重庆联系，要我设法，我就用艺术馆名义发给他们差假证，并为筹了路费。他们到了重庆又平安回到广西。他们曾对我谈过合法斗争的策略（这些事我从来没对人说过）。

我于民国元年在长沙曾经参加过第一次成立的国民党[①]，只开过一次成立会。那时候并没有任何仪式和手续，只对我说一声"你也入党吧？"我说"也好"。我的一个同学便随手抽一张八行笺，写上"兹证明某人为国民党员

---

① 1912年，同盟会联合4个小党派改组为国民党，1919年正式称为中国国民党。此处"第一次成立的国民党"指1912年由5个党派改组的国民党。

此证"，图章也没有。我接过来放在西装袋里，过了几天就不见了。此外一直到一九四五年，我没有加入过任何党派。江湖上任何帮会组织我从没有发生过关系。一九四五年初夏，我在广西昭平县黄姚村加入了民主同盟。那时狄超白[①]（党员）来到黄姚，发展民盟组织，我和张锡昌（党员）、千家驹、徐寅初、周匡人（党员）五个人一同加入了民盟。仪式是由每个人写一张简单的志愿书，写完互相看一看，就马上烧掉。我被推为民盟在广西省的负责人，周匡人任组织部。胜利后我们回到桂林，发展许多盟员，主要是教员和学生，也有工人。

我从桂林疏散到昭平不久，重庆就谣传李济深（那时他在梧州）在昭平又成立了人民政府，欧阳予倩当文化部长。弄得朋友们很担心，有些学生和一些不知什么性质的人一批批来投奔我们，弄得我相当狼狈。及到黄姚，谣言更多。盛传有人赤化黄姚。恰好白崇禧有几百个卫队和八步专员的军队为争监起内讧，特务们便想趁机挑唆让他们打黄姚。那时我和张锡昌、周匡人正在八步，我们连夜翻山越岭，逃避到贺县，不几天白的卫队被八步打退，我们才又回到黄姚，我们的报对事变的报道取了极慎重的态度，所以鬼打鬼的双方都没有抓着什么把柄来对付我们。

胜利后我们把报纸并机器交给广西省政府，千家驹到香港，我和张锡昌、周匡人、徐寅初闯到桂林。那时桂林城内已片瓦无存，我们在瓦砾堆

---

① 狄超白（1910—1977），江苏常州人，经济学家。1931年加入中国共产党。全面抗日战争时期，从事文化宣传及统战工作。新中国成立后，历任中央财经委员会统计处处长、北京大学经济系兼职教授、中国社会科学院经济研究所研究员等职。

中，搭起棚子开了几次晚会，有朗诵诗，有独幕剧，还有音乐合唱等。这些节目反映了当时的问题。接着开绘画展览会，有几幅画讽刺法西斯，国民党匪帮作贼心虚派特务们造谣污蔑，说我们"侮辱国军""侮辱党国"。一九四六年纪念"五四"，那时胡佛正想用粮食为饵破坏新民主主义国家的团结，我讲话批评了胡佛，特务们便造谣说我曾说美国面粉有毒，他们想鼓动兵士和流氓来打我。桂林市长居然对群众提出我的名字来威胁我，我便予以严厉的质问，以为反攻。黄旭初约我谈话，省政府的委员都到齐，要我在省府纪念周表明我是服从政府法令的。我说我从来没有违反法令，不用表明，回来我就辞去艺术馆馆长职，离开桂林到了上海。这段斗争有许多复杂的情形，我在这里不能详述。我本不打算离开广西那样快，但局势变动很快，我们让刘建庵先走。我一走，张锡昌、徐寅初、周匡人都设法离开了。我到了上海，田汉写篇文章《欧阳先生的路线》①说欢迎我回到民间，我对他的看法不完全同意。

我回上海是一九四六年初秋，生活相当困难，靠写电影剧本支点稿费。熊佛西接了上海市立剧专校长职（大家推他出任的），我和田汉、洪深、翰笙等都去讲课。一九四六年冬，新中国剧社因在上海找不到地盘，约我领队到台湾演出，我和他们到了台湾，为他们导演了《郑成功》（予倩改编）、《桃花扇》（话剧本予倩作）、《日出》，还演了个《牛郎织女》。我们在台湾过年，恰好遇到"二二八"暴动。因为我们是演戏的，所演的戏又相当的受

① 　田汉所作文章题为《欧阳予倩先生的道路》，载于（上海）《文萃》第47期，1946年。

台胞的欢迎，暴动进行中没有遭受危险。形势危急时，有人极力劝我们到国民党军队里去避难，我决定住在客栈里，始终没动。当时民众除打了几个收税的官，一般都很好，并没有乱打乱杀人，可是国民党的军队开到，就进行的［了］残酷的屠杀。等交通恢复，我们趁［乘］船回到上海。因为国民党的种种限制，剧团的生活异常苦，最后全体转业，陆续进了电影公司，有的分散各处，有的到了解放区。我于一九四七年冬受了香港永华公司的聘。

我受永华公司的聘是和夏衍商量过的。民盟的同志也欢迎我到香港（那时郭沫若、茅盾、沈钧儒等都到了香港）。洪深大不以为然，说我不该为反动资本家李祖永①拍戏，又说永华公司有汉奸张善琨②的股本（事实上没有他的股份，但他经常去拍李祖永），他骂夏衍无原则性。最后经过阳翰笙斟酌，我还是到了香港（事实上那时我在上海无论从那方面看都搞不下去了）。我到香港不到四个月就脱离了永华公司（因为在那里起不了作用），转入顾而已③、叶以群④等所组织的小公司，拍了两部片子：《野火春风》《恋爱之

①　李祖永（1903—1959），浙江宁波人，香港电影制片人。毕业于南开大学，后赴美国爱墨赫斯脱大学（现阿默斯特学院）留学。1947年创办永华影业公司，曾拍摄《清宫秘史》《火葬》等电影。

②　张善琨（1905—1957），浙江湖州人，商人。1920年任上海大世界游乐场总经理，后来接办共舞台，创办新华影业公司。1940年，出任伪中华电影联合股份有限公司副总经理。抗战胜利后，赴香港继续从事电影制片工作。

③　顾而已（1915—1970），江苏南通人，话剧、电影演员，导演。曾加入中国左翼剧联和上海救亡演剧三队。1948年在香港组建大光明影片公司。1951年大光明影片公司迁回上海，后在上海影片公司担任导演。

④　叶以群（1911—1966），安徽黄山人，作家。曾留学日本，后加入中国左翼作家联盟和中华全国文艺界抗敌协会。新中国成立后，曾担任上海电影制片厂副厂长、上海市文联副主席等职。

道》。这两部片子的文学剧本都不是我写的，出的却是我的名字，我只任导演，当然剧本有经我修改的部分。拍完以上两部片子，我便动身于四九年三月来到解放了的北京。

我是个不折不扣的世家子弟，但是我家并不富裕。小孩子时期过的生活是朴素的。所进的经正中学，教员们多系同盟会员。那时他们都年青，很有朝气，品质也都好。我颇受他们的影响，在日本进的成城中学原是陆军士官学校的预备校，纪律较严。日本学生生活一般是刻苦的，我从少年时期就有些习惯于谨小慎微。我很仰慕同盟会的朋友，七十二烈士中有好几个是我的同班同学。辛亥革命以后许多革命党都成了新贵，他们趾高气扬，狂嫖阔赌，我看不惯，便离开他们各搞各的。我一直演戏，而国事越来越不像样，我不可能不想谋出路。我并不怕社会上看不起我，我的苦痛只是找不出奋斗的方向。我十八岁被催促结了婚。我的祖母异常封建，不许我夫妻一同出外。我的家庭观念又相当重，加之名誉地位之思，出尘避世之想互相纠缠不清。有时见国是日非有〔又〕不禁忧愤填膺，结果也不过空发牢骚而已，并没有认定一个方向冲锋陷阵。这些都充分证明我是个典型的小资产阶级知识分子。

五四运动和李大钊之死给我的刺激很大，从那个时候我开始想去认识共产主义。我曾经买过两本日本文关于马克思的书。读了并不甚懂，只记住些名词。以后又读了蒲列汉洛夫①的艺术论②，也不大明白，可是我非常想知道

①　蒲列汉洛夫，今多译为普列汉诺夫。
②　艺术论，指的是普列汉诺夫所作《论艺术——没有地址的信》。

共产主义实行的情况究竟是怎样的。最初我以为共产就是一切平均分配，后来逐渐知道多一点，也还是朦胧的。我还读过一点克鲁泡得金^①《互助论》，可是无政府主义的思想没有给我什么影响，那些时候我对共产主义认为最公平的道理就是"不劳动不得食"。"五卅"事变，我自己印了许多传单，一家人都去发传单，这不过是自发的、一时的个人行动。北伐时期，有些朋友在争论共产主义与无政府主义的得失，我渐渐知道所谓"阶级意识"。第一次为我阐明阶级斗争的是田汉。在此以前我曾根据唯心的心理学说分析人物，自从接触了阶级斗争的学说，我的眼睛似乎亮了很多，我也学着用阶级的观点分析社会。可是在行动方面我始终采取着个人奋斗的方式，处处都表现着小资产阶级的软弱性。虽然在一方面没有作过反动的坏事，也多少摇旗呐喊过一下，但没有冲锋陷阵作殊死战斗的表现。人家批评批的小资产阶级意识，我并不否认，但一直不明了立场可以转变，更不知如何转变。我总以为以小资产阶级知识分子同情无产阶级，愿为无产阶级革命的胜利尽其所能尽的一分力量，信仰共产主义，决心向着共产主义走也就行了。一直到四八年到香港，看到一些关于知识分子改造的文件，才觉悟到应有转变立场的决心，努力改造自己。

一九四九年春到一九五三年现在，整整四年，经过学习，经过几次运动，我是有些进步的。自己觉得立场观点比较明确了，最大的进步是对共产党了解得更多一些。以前我只觉得中国共产党可敬可佩，进一步便懂得了为

---

① 克鲁泡得金，今多译为克鲁泡特金。

什么中国共产党是伟大的、光荣的、正确的党。经过四年来的工作、学习和一连续的几次运动，我深深感觉到中国共产党是可爱的党。离开了党就什么都会是空虚的。

当我学习八个条件的时候，我曾经把我的一生从头想过一下，觉得我最大的毛病就是个人意识淳厚、斗争性不强，现在虽然有进步，做一个党员也还是不完全够资格，而且年纪大了，精力逐渐减退，对党的贡献不称心。但是，尽管如此，还是有一个诚恳的愿望，希冀党能给予更多的培养，使在组织生活中得到更多的鼓励和督促，好像一部旧机器在先进的工人运用之下可以多发生点滴的作用。古话说："一息尚存，此志不容稍懈。"我自信也还有些勇气和不懈之志。希望党能给予慎重的考虑。最后我要说：不管我能不能加入组织为党员，我对党忠诚老实的意志是不会摇动的。

少年飞跃向真理（1889—1906）

1901 年，12 岁的欧阳予倩（左一）、弟弟（中）与祖父欧阳中鹄在浏阳家中

锣鼓点与革命潮*

　　我小时候因为家里管得严，所以出外看戏的时候非常之少。祖母五十岁的那年，家里演过一次堂会，那时我不过十岁，看着红花脸杀出，黑花脸杀进，实在是丝毫莫名其妙。过后亲戚家里又演堂会，有一个从湖北回来的佣人领我去看。——他是个戏迷，一天到晚的唱着，又时常和我说些唱戏的话。——他指着台上演《梅龙镇》的花旦对我说："叫她回来当老妈儿领你顽［玩］儿罢。"我听了他的话，注视那花旦，觉得非常欢喜她。还记得那天晚上，又换了另一个班子，我就去看他们扮装，有两个人在那里画花脸，引起了我无限的兴趣，——我看对面的一个，用粉涂在脸上，再拿着墨笔一线一线地勾勒，我觉得浑身紧拢来，立刻起了一种莫名其妙的冲动，又觉得好玩，又觉得难过。一会儿被一个小孩子拉我去玩鞭炮，我便似从恶梦中逃出一般。从此以后，我觉着唱戏实在好玩，不是口里乱哼，就是舞刀弄杖的乱

＊　　本文为欧阳予倩所著《自我演戏以来》（中国戏剧出版社，1959）的第一章，标题为编写者所拟，标点有改动。

跳。有时就学着画花脸：我母亲本来会画，我就拿她老人家的颜色，大涂而特涂，弄得满桌满镜台污七八糟，自不用说，床上的毯子扯来作道袍，窗帘拿下来当头巾，鸡毛帚、帐竹竿无一不被应用。母亲的卧房就是后台，表演的地方却没有一定：有时在厅堂，有时在床上，有时便游行各处。可是表演尽管十分尽力，观客如厨子、保姆之类，都带几分厌恶。本来表演的工夫不甚纯熟，秩序也不甚妥当，弄坏器皿，打翻桌椅，却是常事，也怪不得他们喝倒彩。他们有时急了，就叫我母亲。母亲从来难得为这些事打我，骂几句也就完了。可是有一次，我和妹妹、弟弟、表妹一齐玩，给他们画了花脸，作大规模的游行，谁知胭脂用多了再也洗不脱，他们玩得高兴的时候，丝毫不觉得。后来被母亲看见，骂着替他们洗，一个个花脸洗不干净，他们都哭起来，我便挨了一顿打。以后这类的事不一而足。我年纪渐渐地长大，便学着玩些音乐。有个剃头匠会拉胡琴，被我吵不过送了我一把二弦，学余之暇，时常拿来消遣。有一天，我向先生告假出恭，带了胡琴为伴，演奏起来，竟把恭务忘了。先君偶从学堂经过，不闻书声，四面一找，却听见咿咿呀呀的琴声从厕中发出。这一次我可吃了亏，被罚三天不放学，胡琴便始终没有学好。

有一冬母亲回外婆家去了，我和妹妹都闷得很，就把堂房的姑姑请过来一同玩。我第一个发起要唱戏，编演当然都是我一手担任。我穿上妹妹的衣服，带［戴］上母亲的勒子，头上盖起红窗帘装新娘，妹妹装新娘的母亲，姑姑装新郎。我们从出嫁起一直演到拜天地、吃酒席为止，时间费了一下午。我还记得别母上轿一节的唱辞："……拜天地拜神灵，但愿母亲多长寿。

母亲福寿又康宁。……"原来我们那里盛行一种皮影子戏，小孩子常常爱看，这些都是从影子戏模仿来的。从出嫁起到拜天地止，我们都按着派定的角色扮演，一到请酒的时候，我们大家全变了客，将柜子里的干点心，厨房里剩下的冷菜、冷饭，全给搬运到一张小桌子上。姑姑说饭不宜吃冷的，我说热饭不像戏。又因为用真的竹筷子不觉得有趣，就从香炉里拔了一把香棒儿当筷子。舞台装置呢，有的是敬神的蜡烛，弄来点几对；尤其感觉兴趣的是找着了一个可以钉在墙上的烛插。

天黑了，姑姑要回去了。我和妹妹手捧着蜡烛送姑姑，口里吹着哨喇①，在天井的四围绕行一周，作为是走了几十里，然后才到了隔壁。一出大戏，就此结束。我作小孩子的时候演的戏，以这出为最得意，最精彩，这比平日和许多小孩子演操兵，演拿贼好玩得多。自从这出戏演过以后，我的兴味忽然引到武术上去。盘杠子、打枪，就把演戏的玩意儿搅了。

我从十二岁到十四岁专门做应试的工夫，经义策论之类，勉强通顺，就去赶考。另外请先生在家里学些英文。科举既废，我便随着祖父到了北京进学堂，不到一年，转学到长沙经正中学，读了一学期，就跑到日本进了成城中学校。

我在北京的时候，看过谭鑫培的戏，不懂。可是已经能看文戏——杨小朵演《翠屏山》之类的戏，很欢喜看。但听二黄不如爱听梆子。那时候因为要念书，很少出去，看的戏自然很少。尽管住在北京将近一年，连哼哼都不

———
① 哨喇，即唢呐。

会；可是偶然学两句杨小朵的说白，颇为侪辈所惊叹，我自己也觉得我的嗓音比戏台上的花旦好得多。

那时候我和一个同乡的少年 C 君同就一位曾宗巩先生学英文，那个少年比我大，文词富赡，诗和小说他读得颇为不少。我从他那里才微微领略到所谓张生、崔莺莺、贾宝玉、林黛玉之流的性格。他常常对月吟诗，大约都是些含愁难诉的意思。我还记得有"惟有寒鸦稍识音"之句，那时我不甚能懂。他往往说对着月亮想哭，听见风声或是歌唱的声音，就不禁长叹。他以为这样才能领略诗味。他曾经在下课时候，拿红墨水搽在嘴唇上，教我做眉眼。"做眉眼"三个字，我是头一回听见，我因为完全不懂，所以不理他，他看见我太麻木，也觉得奇怪，但是我也多少受他一些暗示。有一晚，我叫人替我去买了一部《西厢》，翻开来不甚懂。我因为想揣摩 C 君的滋味，半明半昧的拿着部《西厢》在灯下展玩，忽然听得隐隐有唱西梆子的声音，我便起身出去站在廊下，——那晚正遇着祖父到朋友家里去了，一个佣人在房里打瞌睡，我静听那断断续续如泣如诉的歌声，随着飒飒喇喇的秋风，摇着隔院憔悴的杨柳飞到耳边。长空如墨，从云缝里漏出的微光照见天在移动，纸窗背的灯火，也闪闪不定好像有鬼。我是个十四岁的小孩子，有吃有穿，有长辈痛惜，那里来甚么很深的感慨？可是我想起 C 君的话，觉得这个情景，应当要哭一哭才对；我便昂头向着天，又低头数着脚步，微微的长叹一声，演习一番诗人的格式，虽然哭不成，却也算附庸风雅，点缀得不俗了。可是那西梆子的声音却引起了我演戏的兴趣。我想：要能够像杨小朵那样搽着脂粉穿起绣花衣服上台唱几句梆子，够多么好玩儿呢？

　　然而那时候我专爱高谈革命：本来谭嗣同、唐才常两先生都是我祖父的门生，和我家关系最深，唐先生并是我的蒙师；我从小就知道有:《铁函心史》《明夷待访录》《大义觉迷录》诸书。谭、唐相继就义，那时我虽是小孩子，当然也不能不受刺激；到了北京，又遇着吴樾之死，颇激起一腔的热气，所以没有成小戏迷。以后我回湖南进学校，又到日本三四年间，很热心地去走天桥跳木马，和人比拳角力；又欢喜闹酒，十七岁的时候酒量大进，能够一次饮白兰地一大瓶，啤酒一喝就是半打。到日本的时候，满心想学陆军，最羡慕的是日本兵裤子上那条红线。在成城学校做制服的时候，我硬叫裁缝在我的裤上加一条白线，以为不像兵也要像警察，那裁缝始终不听，当我小孩子，向我笑笑罢了。日本兵穿的鞋子，满底上钉的是铁钉，鞋面的皮，其粗无比，我每从鞋铺走过，总想买一双，好容易达了目的。我以为凭这一双鞋，就比其余的同学高明些。但尽管如此，终久因为眼睛有些近视，没能够进陆军学校，就是短衣镶边和大裤脚的海军学生制服——我最欢喜那个装束——也没法儿穿上。于是有人劝我学军医，便也可充准军人，但是也没有能达目的。

　　光绪乙巳年冬，日本政府承清政府之意，对留学生发布取缔规则，全体大愤，我和大众一同回国。谁知到浏阳家里，就叫我娶亲，我绝对不肯，以后毕竟还扭不过，招赘到丈人家里去。那时我有个决定的计划，是结婚尽管结婚，结了婚三天后，我就一跑。我家里为着这个事甚为着急，尤其是岳丈人十分担心，只有丈母娘似乎确有把握的以为不会；果然不出所料，我三个月还没有走。

　　我的妻子是很聪明能干的人，当我娶她的时候，她的诗文、绘画都比我高明，且极识大体而又好学。我和她性情说不出的相投，虽然是旧式婚姻，爱情之深厚，并不输于自由恋爱，且有过之。我打主意和她一同出洋，费尽周折，家里不肯；但是我始终不能不走，万般无奈，我还是一个人走到日本去了。这是多么难过的事啊！

　　走过上海的时候，被贼偷去了钱；到东京又感冒着发了好几天寒热；病好了出去走走，找着许多旧时的同学，倒也高兴，可是我的兴趣就在这个时候渐渐地变了。

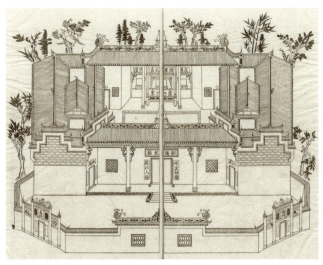

湖南浏阳欧阳世家祠堂

湖南浏阳欧阳世家十九世祖欧阳玄
（圭斋，1283—1358）像，
欧阳玄曾任翰林学士承旨，
总裁宋、辽、金三史修撰

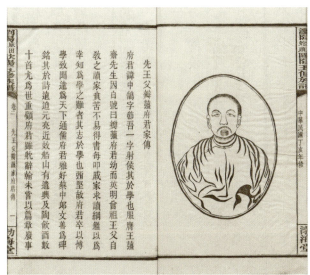

1919年5月，欧阳予倩为祖父欧阳中鹄所写的
《先王父瓣姜府君家传》

欧阳予倩外祖父刘人熙
（1844—1919）像，刘人熙曾任湖南
督军兼省长，船山学社首任社长

次子　自耘
立袁

字南傑號予倩監生捐名錫璜　清光緒十五年己
丑四月初二日丑時生日本東京早稻田大學文科

配　劉氏

本縣歲貢生候選訓導欽加五品銜誥授奉政大夫
榮勳之次女善瑾字韻秋　清光緒十四年戊子七
月十五日戌時生
承祧子胞弟立裴之子　嵩爲後
生女一
敬如民國十七年戊辰七月三十日巳
時生現肄業上海培成女子高中學校

畢業生南通州伶工學校校長廣東省立戲劇研究
所所長廣西省立藝術館館長上海市立戲劇學校
教授並從事電影話劇編劇導演

《欧阳五修族谱》中对欧阳予倩（立袁）、
妻子刘韵秋、女儿欧阳敬如的记载

中鵠　次子　自耘

配　劉氏

字力耕號笠耕捐名慶超太學生清光緒三十一年
乙巳督辦江南賑捐補用知縣指分江蘇試用府經
歷欽加五品銜誥授奉政大夫　清同治六年丁卯
九月初十日未時生宣統二年庚戌正月初七日卯
時沒葬邑西七里橋對門易姓屋後寅山申向
本縣縣學生同治六年丁卯科鄉試第一名舉人光
緒三年丁丑科貢士賜進士出身四品銜工部主事
會典館纂修官外任署河南許州知州光州直隸州
免補知府以道員用分發廣西補用民國元年壬子
任湖南民政司長五年湖南督軍兼省長公爵顧問
二等嘉禾章勳五位人熙之次女瑞溶字欽止覃恩

《欧阳五修族谱》中对欧阳予倩父母欧阳自耘、
刘倚霞（瑞溶）的记载

谭嗣同（1865—1898），清末维新派
政治家、思想家、戊戌六君子之一，
欧阳中鹄学生，欧阳予倩称他为
"七叔"

欧阳予倩保存的谭嗣同致欧阳中鹄信，1952年捐赠给
国立北京历史博物馆（今中国国家博物馆）

唐才常（1867—1900），清末维新派领袖，
欧阳中鹄学生，欧阳予倩蒙师

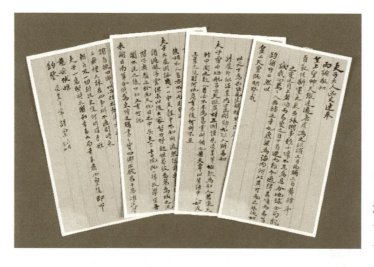

欧阳予倩保存的唐才常为变
法维新事给老师欧阳中鹄的信，
1952 年捐赠给国立北京历史
博物馆（今中国国家博物馆）

时务学堂教习合影，左起：
叶觉迈、谭嗣同、王史、
欧榘甲、熊希龄、韩文举、
唐才常、李维格

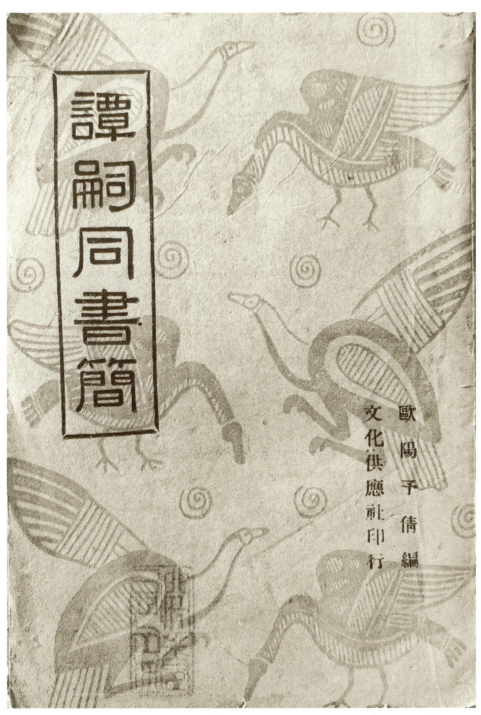

1943 年，欧阳予倩将保存多年的谭嗣同与祖父的往来书信编纂为《谭嗣同书简》，
由桂林文化供应社出版

回忆七叔谭嗣同[*]

六君子之中，似乎以谭先生嗣同为最激烈。在他的著作当中，他对清政府不满的议论颇不显明，他给我祖父的信里却公然说满人视中国为傥来之物，无所爱惜。可见他骨子里的主张跟保皇党的主张有所不同。他对于利用光绪行新政，不过认为是一时的手段。还有一事为证，就是他曾经秘密把《大义觉迷录》《铁函心史》一类的禁书介绍给我父亲读。

我祖父有三个得意门生，都被清政府杀了：第一个就是谭先生；还有唐先生才常，他是我的蒙师；还有一个姓王名孟南，号而湘。谭、唐都是烈士，只有孟南是一个专与官绅作对，著名的讼师，但他有不可及的天才。倘若谭、唐不死，以他那种不畏强御的精神，必定也能在政治舞台上占重要的一席。

谭先生名嗣同，字复生。十二岁时，患病，死去三日，复活，他父亲就叫他复生。那年，他的母亲、姊姊、大哥和其他亲属一家五六个人，同时染

---

[*] 本文节选自欧阳予倩所编《谭嗣同书简》（桂林文化供应社，1943）"序"，标题为编者所拟，标点有改动。

白喉症，死在北平的浏阳会馆。当时没有人敢去收殓，我祖父毅然带了人去一手把殡殓办妥。谭先生十岁就跟我祖父读书，以后每次回浏阳，在我家里往来很密。曾为监修我曾祖父母的坟墓，在山上一住好几天。我小的时候常常看见他。当时浏阳士子以为他走过的地方最多，是邑中最能通达中外形势的人，都特别尊重他。

他可说是无书不读，经史词赋之外，于基督教义、神学、佛学，无不精研，而于政治哲学，致力尤多。他于文事之暇，喜欢技击，会骑马，会舞剑。我曾见他蹲在地上，叫两个人紧握他的辫根，一翻身站起来，那两个人都跌一交［跤］。他写起字来，喜欢用食指压住笔头。人家觉得他无论什么都有点与众不同，我虽是小孩子，也觉得每见他时，就不由得引起一种好奇心。总之，他是无处不表露才气纵横、不可一世之概。他绝无嗜好，我没有见过他吸过烟，打过牌。

他本是个贵公子，可是家庭生活不好，母亲死得早，他为庶母所歧视；婚姻也不满意；他的二哥泗生，死在台湾，听说是自杀的。

当他三十三岁应巡抚陈宝箴之召回到长沙那年，和湖南许多赞同新政的士绅们计划交通和探矿，办时务学堂、武备学堂、保甲局等；又倡设南学会，办《时务报》《湘学报》等刊物。其时梁任公也到了长沙，人才济济，极一时之盛。我祖父在浏阳把专研究数学的"算学馆"也办起来。我们家塾里，除经史外，加增了天文和地理的读本，大家都要背诵行星、恒星和五大洲以及各大国的名称。不久又请了个从上海回乡的英文先生，开始读《华英初阶》。

次年戊戌，八月的某一天早晨，我正从床上揭开帐子，就看见我父亲抱着一封信，一面看一面哭；起来之后，又看见全家人都皇皇［惶惶］然切切私语。我悄悄地问母亲，才知道常常来的谭七伯被杀了！

一时新人物全数销声匿迹，算学馆无形停顿，匿名揭帖满街都是。我祖父的名字，被劣绅们从圣庙的首事名册上撕下，说是："毁圣叛君，不许与祭。"外边的谣言很大，说是要围搜我们的家，于是举凡与谭氏有往来的人家都相戒惧，就把谭先生的墨迹一齐毁了。他被捕之前，因恐株连，也曾把身边一切文件信札付之一炬，所以他的尺牍，和当时一班青年志士与他论学论政的信流传甚少。

这几十封给我祖父的信，是我母亲留下来的烬余，其中曾有一封被亲戚某盗去，为唐有壬所得，有珂罗版影印本。目下所存的，我怕遗失，常常带在身边。这是一种很可宝贵的文献，不仅有历史的价值，也可以激励士气，于青年修养颇为有益。

凡研究一个人物，单看人家所写的传记是不够的。从其人和朋友，尤其是和亲密的朋友的通信当中，最容易看出他的个性、人格、行为和风度。谭先生这些信，很能看得出他当时情绪的高涨和斗争的激烈。其中论述时事，慷慨激昂，尤其对于甲午中日战争失败的愤慨，眦裂血沸之情，跃然纸上。

我们常提及所谓中国气派、中国精神，却始终说不出中国精神是怎样的一种精神——古代不必多说，就近代而言，六君子之死是中国精神；黄花岗事件是中国精神；谢营长与全营兵士同殉宝山城是中国精神；张自忠将军的殉职是中国精神；湘桂、黔桂、桂穗、滇缅各路，用超越的劳力超速建成，是中国精神；还有许多例，不胜枚举。总之，艰苦抗战四五年，不挠不屈，就是中国精神最高的表现。新中国正在苦难中生长，谭先生的遗札在这个时期刊出，可说甚为适当。无数的男女青年，冒万难历万险，为反侵略，为维护世界的和平，为建立人类永远的幸福，与敌人作殊死的斗争；全世界的被压迫者，都坚强地武装起来了！这岂是先驱的烈士们所能料到？也正是先驱的烈士们所以含笑于地下的！

欧阳予倩

三十一年三月于桂林

春柳依依忆旧时（1907—1915）

1908 年前后，欧阳予倩（右）与陆镜若（中）、吴我尊（左）合影

春柳社的开场*

    1907 年初春，我记不起是哪一月哪一日，仿佛记得是过阴历年那几天，我在日本东京骏河台中国青年会一个赈灾募款的游艺会上，看到春柳社友第一次的演出法国小仲马作的《茶花女》，因为是游艺会性质，又是第一次的尝试，演的只是全剧的第三幕一幕。李息霜饰茶花女，曾孝谷饰亚猛的父亲，唐肯饰亚猛，孙宗文饰配唐，这是我第一次看到的话剧。这一幕戏的上演，得到日本新派演员藤泽浅二郎很多的帮助。日本有一位老戏剧家松居松翁对李息霜的演技极为欣赏。他说，他看了这个戏令他想起在法国蒙马得尔小剧场那个女演员杜菲列所演的茶花女。但一般的评论，都以为演得最好的是曾孝谷。我辗转托人介绍认识了曾孝谷，我才知道他们有一个同人组合名叫春柳社。

---

*   本文摘自欧阳予倩所作《回忆春柳》(《戏剧论丛》第三辑，中国戏剧出版社，1957)，此文后被收录于《中国话剧运动五十年史料集》第一辑（中国戏剧出版社，1958）和《自我演戏以来》（中国戏剧出版社，1959）。标题为编写者拟，标点有改动。

　　《茶花女》的演出引起了他们对戏剧更高的兴致，接着就想演大戏，决定把林琴南（林纾）、魏易翻译的美国斯托夫人的小说《黑奴吁天录》改编上演。这个戏用的人比较多，因此不能不扩大春柳社的组织，在这个时候，我和吴我尊、谢抗白都参加了；李涛痕也是演《黑奴吁天录》的时候才参加的，后来他自称春柳旧主不知何所据而云然。

　　鸦片战争以后，经过甲午之战、庚子年八国联军进北京，由于清政府的腐败，中国的国际地位真是一落千丈，国家时时有被瓜分的危险，中国人无论走到什么地方都被人看不起。在这个时候中国人民的心里激起了空前未有的民族独立思想。那时知识分子当中，不少有志之士为着挽回国家的颓运，为着民族的独立自由平等，奔走呼号，参加了那时的革命运动；有的是同声响应，以文字发抒其感慨。林纾、魏易翻译《黑奴吁天录》，看他们的序文，就可见他们对帝国主义者的狰狞残酷表示愤慨，警告中国人必须独立自强。甚至说：美国虐待华工比对黑人更甚，力辟有些人倾向欧美，认为西人能宽待藩属的谬见；痛心于外人虐待华工而中国国弱民贫，怯懦的外交官不敢讲话，也没有人把华人被虐待的事情记录下来广事宣传。他们翻译《黑奴吁天录》是想借这个小说警醒国人。

　　春柳社所演的《黑奴吁天录》，根据林琴南的译本改编，编者曾孝谷曾为这部书所感动自不用说，当时日本留学生当中民族思想的高涨，也给了编者很多的启发和勇气。春柳社选择《黑奴吁天录》为第一次正式公演的节目，是适合于当时客观要求的。这个戏分五幕，每一幕之间没有幕外戏，整个戏全部用的是口语对话，没有朗诵，没有加唱，还没有独白、旁白，当时采取的是纯粹的话剧形式。这个戏有完整的剧本，对话都是固定的，经过两个多月的排练（有时候是断断续续的），才上演。

《黑奴吁天录》这个戏，虽然是根据小说改编的，我认为可以看作中国话剧第一个创作的剧本。因为在这以前我国还没有过自己写的这样整整齐齐几幕的话剧本。这个戏尽管现在看起来有些多余的穿插，但是几场主要的戏，如哲而治和他的妻子意里赛分别和意里赛把被卖的消息告诉汤姆的场面都十分动人，演得十分严肃。当时日本的戏剧家如伊园青青园等都曾予以好评，在留学生当中反映也很好。小海雷本来派的是我，莲笙是我临时取的艺名——偶然想起小连生（即潘月樵）就随便取的。当时认为我还太大，就另外物色了一个小孩演小海雷，仍然用的是我的艺名莲笙。我就改演女黑奴丑，就是那跳舞的女孩子。此外我还在第三幕里扮演了解而培的儿子小乔治。我原名立袁，号南杰，就根据类似南杰的字音取了个艺名叫兰客，只用过这一次，以后我就一直用予倩这个名字，没有改过。

《黑奴吁天录》演出的日期是 1907 年 6 月 1 日、2 日，共演了两天，演出的剧场是日本东京本乡座。当时的票价一律日币五角，最先卖出的三百张，每人赠价值一角钱的赠品。像本乡座那样的剧场，租金是相当高的，由于藤泽浅二郎（新派名优）的介绍和特别帮忙，一切费用在内据说五百块钱包下来，此外当然还有其他的费用，结果总算没有亏本。但是几个留学生在外国动员那么多人，举行那么大规模的演出，实在是一件非同小可的事，特别是曾孝谷、李息霜，当时他们负担之重是可以想见。可喜的是，总的说这个戏的演出是成功的，无论从思想方面看，从艺术方面看，在那个时候可以说是成功的。观众为汤姆、为意里赛流着眼泪，对白人的奴贩子切齿痛恨，这就表现着演出的效果。在工厂纪念会上唱两段京戏尽管是不大调和，可是那种亲切之感，深深地激动了侨居国外的人，怪不得全场观众狂热地欢呼。

《黑奴吁天录》演过以后，春柳社全体照过一张像，这张照片和当时一些剧照我一直保存着，不幸在抗日战争当中和我的住宅一同被烧掉了，不然我看着相片还可以想起更多的事。

当时中国公使馆很反对留学生演戏，有些一时高兴参加春柳的人，因为怕影响他自己的前程，渐渐地就不来了，又因为筹款、租剧场都有困难，大规模的演出很少可能，就只好计划演一些人少、简单的独幕戏。1907 年冬天又借常磐馆演过一次，演的是两个独幕剧。一个是息霜主演的，戏名忘了（有人说叫《生相怜》），我只记得他扮一个披长头发、穿着白缎子西装好像西洋古画上的少女，曾孝谷扮他的父亲，他一个学音乐的广东同学扮他的情人。他一直认为这个广东人对艺术的理解力特别高，他每在钢琴上弹一个曲子，那个人就站在他后面听着，他弹完了回头问他："怎么样？"那位广东青年往往能够说出许多玄妙的道理，息霜听了很高兴。他还参照西洋的名画定制头套、服装，在屋里打扮起来请那位青年提意见。那个青年似乎不大会演戏，那个独幕戏又是很有诗意的，意思是要演成诗与画结合起来的戏，但观众感觉不容易看懂。我那次演的是曾孝谷编的独幕戏，戏名好像就是《画家与其妹》。涛痕演画家，我演他的妹妹。这个戏也是扮的西洋古装，涛痕在画画的时候，我站在他的后面吹一支玉屏箫，这也未免可笑，可是因为我会吹箫所以就在台上露一手，孝谷也不说什么，我就自由发挥一番。

　　这一次的演出可以说没有什么收获。从这次演出之后，春柳社在戏剧方面就没有活动。可是那天我正在后台化妆，忽然有一个很活泼漂亮的青年人来看我们，那就是陆镜若。他名叫陆辅，字扶轩，日本东京帝国大学文科生，镜若是他的艺名。当时他表示要参加春柳社，但因为他是常州人，不大会说普通话，孝谷认为他不能演戏，过了一向，才勉强让他参加为社员。后来他为学习普通话，的确下了一番苦功，尤其在表演方面，他真是好学不倦。那个时候，在我们当中读过不少剧本，还能谈些理论的要算是他。我和他一见面就成了最亲密的朋友，每天都要抽空到他住的地方去和他研究表演，研究化妆，星期天不上课就和他作化妆实习。那时藤泽浅二郎办了个俳优学校，镜若课余就在那儿学习，他也把学到的东西告诉我。我尊、抗白都是戏迷，我们四个人常常碰头，就想做些演出活动，镜若、我尊去和孝谷商量，孝谷也还高兴，答应替我们写剧本。我们计划借一个小地方，演几个小戏，凑来凑去居然凑成功了。镜若的姨妈恰好到了日本，借给他一点钱，就干起来。那时息霜正专心画油画、弹钢琴，对演戏的兴趣已经淡了，他没有参加。我们为了行动便利起见，没有用春柳的名义。那正是1908年的冬天放寒假的时候，因为在戊申、己酉之交，就临时取了一个社名叫申酉会。我记得是演了三个独幕戏，最后一个是《鸣不平》。演出地点是锦辉馆，一个借给人开会的地方。这一次也推销了一点戏票，因为《鸣不平》演得相当好，演出还是比较成功的，这就鼓舞了我们大干一次的兴致。1909年初夏就有《热血》的演出，也用的申酉会的名义。

　　《热血》的演出比《黑奴吁天录》的演出在某些方面是有进步的。这个戏的演出形式，作为一个话剧，比《黑奴吁天录》更整齐更纯粹一些——完全依照剧本，每一幕的衔接很紧；故事的排列、情节的发展、人物的安排比较集中；动作是贯串的，没有多余的不合理的穿插，没有临时强加的人物，没有故意迎合观众的噱头，在表演方面也没有过分的夸张。我们的演技尽管很嫩，但是态度是严肃的。我们对于一个戏的整齐统一虽然没有完全做到，但是比《黑奴吁天录》还是显著地进了一步。镜若比较懂得编戏和排戏，所以在舞台形象的统一方面特别注意，这本来是好的，也是正规的要求，但回国以后，要打开另外一个新局面，有些正规的想法就行不通。这是后话。可是《热血》第一次的演出，我们在跑码头的当中，还经常会想起来。

《热血》是中国留学生业余演出的第二个大戏，在中国留学生当中博得很高的评价，说这个戏真正可称为社会教育。尤其是同盟会员，认为这次演出给了革命青年很大的鼓舞。可是在《黑奴吁天录》演出后，日本各报有很多的剧评，对《热血》的演出却一个字也没有。这次演出的费用我们是借了官费生领生活费的折子向高利贷去借的，担了不少的风险。年纪轻，热情高，顾虑少，说干也就干起来了。这一次以后，公使馆就放出话来，谁要参加演戏就取消官费。镜若和我都不是官费生，可以不管，但是要想再作大规模的演出就更困难了。

可以这样说，从常磐馆演出几个小戏之后，春柳社的戏剧活动就中止了。《热血》演出以后，申酉会的活动也停顿了。《热血》的演出因为息霜、孝谷都没有参加，所以仍然用的是申酉会的名义，但尽管如此，镜若、我尊、抗白和我都是春柳社友，我们始终尊重春柳这个系统，申酉会不过是戊申、己酉之交一次临时演出所用的名称，可以说《热血》演出以后这个会也就没有了。1912年镜若、我尊回国，抗白没再干戏，另外有一个留学生，东北人马绛士和镜若、我尊等在上海组织了新剧同志会，由镜若主持其事，有不少在上海的青年参加了这个会。在演出的时候，仍然挂上"春柳剧场"这个招牌。所以我想把我们在日本演出的时候，作为前期春柳，回国以后作为后期春柳，这样也还是切合实际的。

1910年暑假镜若回到上海，和王钟声合作，在味莼园演出过三个星期，当时他把日本新派戏作家佐藤红绿的《潮》，改译成中国剧本演出了，剧名《猛回头》。次年（1911年）暑假回国，恰好黄喃喃想在上海演戏，镜若就给他排了一出《社会钟》，这也是佐藤红绿的作品，原名《云之响》，由镜若改译成中国剧本的。

1912年镜若在上海成立新剧同志会，最初参加的有马绛士、罗曼士、吴惠仁、蒋镜澄、姚镜明、陆露沙等。以后陆续参加的有吴我尊、欧阳予倩、胡恨生、董天涯、董天民、郑鹧鸪、冯叔鸾、管小髭、张冥飞、宋痴萍等。这帮人在那时候可以说志同道合，生活都相当清苦，但心情都很愉快，对艺术的态度很认真，社员在私生活方面也比较严肃。我们除了吃和住最低限度的供给之外，什么也没有，娱乐和消遣那更是谈不上，可是大家也从来没有为这些表示不满，一同吃苦惯了，也就心安理得。最怕的就是戏不受欢迎，更怕戏演不好，可是如何才能把戏演好，如何才能吸引更多的观众，我们的确考虑得不够，也没有详细地深入地加以研究，根据当时的环境采取更好的措施，这可能是失败的根源。

同志会在上海成立，原想把根据地安置在上海，可是上海这个码头是买办、流氓、富商、大贾控制着的，像我们那样几个毛头小伙子，想在那里开辟一个新的局面，当然颇不容易。我们并没有资本，全靠镜若利用亲戚朋友的关系来维持团体进行演出，因此作不出一个固定的计划在一个地方坚持下去。只好上海吃不开了往别处走，去跑外码头；外码头遭遇了困难，又回到上海。我们除上海之外在江浙一带跑过苏州、无锡、常州、嘉兴、杭州一带，还到过湖南、汉口，就这样维持了三年。

凡属一个新的运动，必然会经过许多复杂的变化，新剧同志会到各个码头去演出，经常和当地有关的人合作，用各种不同的方式组织演出，并不一定用同志会的名义，例如到湖南和一个新成立的剧团合作，以后又组织文社。不管组织名称怎样变动，同志会的宗旨和作风并没有丝毫更改，我们一直自认为是春柳社的继承人，所以在上海演出的时候，就挂出春柳剧场的招牌，并引以自豪。

同志会所演出的戏，按尚存的节目单一共有八十多个，其中有剧本、能够作为看家戏的，只有《家庭恩怨记》《不如归》《猛回头》《社会钟》《热血》《鸳鸯剑》等六七个，其余全是临时凑的、没有剧本只有幕表的戏。我们的主张是戏必须有剧本，必须要排练成熟然后上台。但当时无论在什么地方，必须每天换戏。当然有些戏比较受欢迎的可以反复替换着演，可是六七个戏，每个戏平均翻两次头也不够一个月的节目，所以必须有更多新编的戏，要不是救火那般赶紧拼凑，新的节目出不来，全靠少数几个老节目决不能维持。同志会也和当时其他的剧团一样，一开始就是职业团体，并不是业余的，所以必须靠每天的收入来维持。有时候我们的戏演得并不坏，可是上座不好，我们尽管用为艺术、为社会教育来安慰自己、来为自己打气，可是心里着急也只有自己知道。

我们也演过几个《红楼梦》的戏，其中《鸳鸯剑》《王熙凤大闹宁国府》比较受欢迎。《鸳鸯剑》是1913年我在湖南文社成立时编演的，主要的对话用的是《红楼梦》的原词，所以很快就把剧本写出来了。我演尤三姐、绛士演尤二姐、我尊演贾琏、镜若演柳湘莲，卖座很好。这也就是我第一次在上海春柳剧场登台的打炮戏。《大闹宁国府》是在1914年冬天编成的，这都是有剧本的戏。

看春柳剧场的剧目，比较受欢迎的就算那几个有剧本的戏。大家认为春柳的特点就是整齐、严肃、认真、不随便乱凑，但是用两三天或者一晚上的工夫挤出一张幕表，随便说说就上台，又怎么能够不乱凑呢！观众对我们那些临时凑的戏不满，我们当时也感觉得很痛苦。

春柳剧场的上演剧目共计约八十一个，除掉《鸣不平》《老婆热》《真假娘舅》之类的短剧三四个之外，都是长剧。这些戏的内容和演出的情形，有的我记得起来，有的记不起了。至于那些急急忙忙凑出来的剧本，有的在说明书上注明了出处，有的没有，有的看故事梗概就知道它是根据什么编的，有的不知道。现在我初步想大致分一分。

自己的创作而又写成完整的剧本的，可以说只有《家庭恩怨记》一个。

根据自己的意图编制故事、安排人物、写成详细幕表、附有重要的对话，但没有写出完整的剧本的约有十几个。如《运动力》《神圣之爱》《怨偶》《浮云》《芳草怨》《陈七奶奶》《文明人》《亡国大夫》《新戏迷传》《中山狼》《爱晚亭》《田小辫子》之类。

纯粹的翻译剧本，基本上照原作演出的只有三个：《热血》《茶花女》《鸣不平》。

根据外国剧本改编成中国戏的，有《猛回头》《社会钟》《不如归》《新不如旧》《真假娘舅》《老婆热》《异母兄弟》《血蓑衣》等八九个。其中只有《猛回头》《社会钟》《不如归》三个有完整的剧本。

根据外国小说改编的（多半是商务印书馆出版的、林琴南译的小说）约计八九个。如《迦茵小传》《兰因絮果》《夺嫡奇冤》《黑奴吁天录》《鸳盟离合记》《火里情人》《蛇女士》《爱欲海》等。

根据中国古今小说笔记改编的约有二三十个，包括《聊斋》《红楼梦》《水浒》《天雨花》《凤双飞》《劫花惨史》《恨海》《官场现形记》《谐铎》等小说的材料。

看春柳剧场的剧目，多半称赞爱国志士、见义勇为的人和江湖豪侠之流；宣扬纯洁的爱情、婚姻自由、爱人如己、牺牲自己成全别人；反对的是高利贷、嫌贫爱富的、以富贵骄人的、恃强欺弱的、纵情享乐的、不合理的家庭、不合理的婚姻制度、腐败的官场等等；同情被压迫者、同情贫穷人；有些戏写一个人能运用聪明智慧打破坏蛋的阴谋；有些暴露社会的腐败和黑暗。总的看起来倾向还是对的，也反映着当时知识分子进步的一面，但思想方面有很大的局限性，在那个时候当然难于作较高的要求。剧目当中也有个别的戏还带着消极的思想——一来因为急于拼凑成戏，有了就算，对于旧小说、笔记上的材料照抄下来，无暇加以选择；或者由于编的人一时的消极情绪，或者自鸣清高，就不知不觉透露出出世甚至厌世的想法，好在这样的很少，只是其次又其次的。

春柳剧场的骨干，大多数是日本留学生，都直接受过日本新派戏的影响，镜若、绛士上台，就往往不知不觉在节奏和格调方面或多或少流露出日本新派演员的味道。有些演员完全没有看过日本新派戏的，他们一方面向镜若学习，同时他们为着扮演中国社会各阶层的人物，就不能不向社会各阶层的人物去进行观察，并从多方面去模拟，来创造角色形像。像吴惠仁演小桃红，他对于上海妓女的形像和心理是懂得相当透的。但是，我们当时对中国社会各阶层的人物，无论从那方面说都理解得不深，体会得不够，因为我们没有把大门打开跑出去，深入社会各阶层。如果说小市民层的各种人物形像的创造，那我们远不如当时其他的文明戏团体。

同志会在上海成立起来的时候，任何条件都是很差的，最初镜若借了一点钱，租了一所两楼两底的房子，大家胡乱住下，就借地方演戏。上海的码头打不开，就利用种种关系到苏杭一带去活动，以后到湖南，再回上海租到了谋得利剧场，就是谋得利唱片公司仓库的楼上，有五六百个座位，在南京路东面靠外滩的地方。那时上海的娱乐场所都集中在福州路、福建路、汉口路一带，谋得利很偏僻，而且一开始很少人知道。有人说那个地方一下雨就有鬼打死人，可见其冷清。那就是我们在上海的活动地盘，挂的招牌是春柳剧场。在谋得利演出的时候，镜若得到一个朋友周柏年的帮忙，周柏年的哥哥叫周佩箴，在张静江所开的一个古董店里办事，镜若不断通过周柏年从那个古董店里通融一点钱，从票款里扣还，以后因为那个古董店的生意不好，周柏年又死了，就挪移不动了，我们的活动费更没了把握。那时我们说，没有资本就等于不得天时，没有适当的演出地点就是不得地利，幸喜大家团结的还好，总算是有了人和。但是一个戏接着一个戏不卖钱，就总想出奇制胜去搞一个满座，或者是想多少迎合一下观众的心理，勉强卖几个钱维持生活，这样做戏就愈来愈演不好，卖座也就愈来愈没有起色，看看不能维持，找不出一条出路，理想中的远景究竟还远，人和也就不易维持，及至1915年（民国四年）从上海到杭州去演出，已经是山穷水尽。那时候只有镜若一个人能背，可是债就把他压的喘不过气来。他的亲戚朋友都责备他，我们到他家里去，他的父母妻子都以愁苦的容颜对着我们，而团体里头有些人还怪镜若没有手段。但是镜若的态度从来没有表示过悲观。他告诉我们日本文艺协会解体的时候，坪内逍遥博士[①]重病入医院，有人劝他不要再搞剧团，坪内回答说："拿破仑也有失败。"当时镜若带着微笑说："不要着急，总有办法的。"于是他晚上照样和大家一同演戏，白天就在西泠印社去翻译易卜生的剧本，不久他就病了，回到上海他就死了！这个团体就散了。

"春柳"在话剧运动当中做了些启蒙工作，《黑奴吁天录》和《热血》的演出，是一个气势蓬勃的开始，那时我们大家都年轻，回国以后，对客观环

---

① 坪内逍遥（1859—1935），日本翻译家、戏剧家、文学家。毕业于东京大学，翻译了莎士比亚全部作品，在日本有很大影响。曾在早稻田大学任教，创办了《早稻田文学》杂志，并任文艺协会会长，被誉为跨明治、大正、昭和三代的日本"戏剧之父"。

境了解不够，估计不足，全凭一股热情，说干就干起来，居然也就打开了一个局面。那时候也只好那么办：凑一帮人，弄几个戏，就在那从来没有人航行过的大海里头去飘［漂］去，会不会遇风暴、触暗礁，毫无顾及，只是想像中一个美丽的岛在吸引着我们。这一条船是破了，探路的航行还是没有错误，春柳对当时的影响还是好的，对话剧启蒙运动还是有一定的贡献，也可以说有不小的贡献。成绩也还是显著的。

春柳的戏，是文明戏的一部分，春柳剧场也就是文明戏剧团中的一个团体，有人把春柳的戏和文明戏分开那是不对的，但在当时春柳的确自成一个派别，在剧本方面、表演方面、做法方面，都和当时其他剧团有所不同，其中有得有失，我想在谈文明戏的时候去做些比较，这里就不谈了。

1957 年 7 月 14 日于无锡大箕山

1907年2月，春柳社在日本演出《茶花女》第三幕，欧阳予倩观看了演出。
这是当时发行的明信片

1907年6月，欧阳予倩（前排右一）在参加《黑奴吁天录》演出后
与春柳社全体演员合影

1907年6月1—2日，春柳社在日本东京演出《黑奴吁天录》时的说明书

1907年6月1—2日，春柳社在日本东京演出《黑奴吁天录》第二幕的剧照
（前排左起第五人为欧阳予倩，饰舞女）

1907 年 6 月 1—2 日，春柳社在日本东京演出《黑奴吁天录》最后一幕的剧照

1907 年，欧阳予倩（右）与李涛痕在日本东京演出《画家与其妹》的剧照

1909 年，欧阳予倩（右）与吴我尊在日本演出《桑园会》的剧照

1909 年，春柳社演出《热血》第二幕的剧照，欧阳予倩（右一）饰演杜司克

1909 年，20 岁的欧阳予倩摄于广西

欧阳予倩的剧装照

1915 年《剧场月报》上刊登的题为《新旧剧党魁之握手》的照片，
原题注为："新剧党魁予倩，其左绅士、小髭、麻郎。旧剧党魁璧云，其右我尊，三铸。"

1912 年，欧阳予倩于上海饰演
《社会钟》中的左巧官

1914 年的欧阳予倩

1914 年秋，春柳四友合影。
左起：欧阳予倩、吴我尊、马绛士、陆镜若

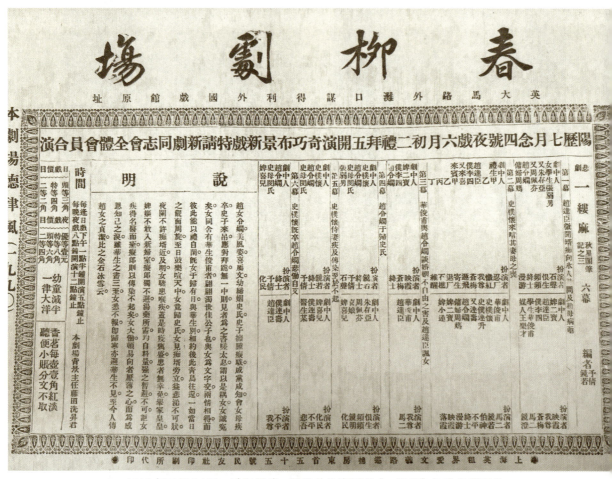

1914 年 7 月 24 日，欧阳予倩、陆镜若编演新剧《一缕麻》的演出说明书

1915 年，欧阳予倩（左）、鹤鸣演出
《王熙凤大闹宁国府》

1915 年 6 月 4 日，《申报》上刊登的春柳社演出广告，欧阳予倩饰王熙凤

1915 年，笑舞台上演日本新剧《乳姊妹》，欧阳予倩在其中饰演房江。
左起：查天影、欧阳予倩、王无恐、邹剑魂、顾觉因、徐半梅

1915 年，笑舞台上演日本新剧《乳姊妹》，
欧阳予倩（右）饰演房江，汪优游（左）参演

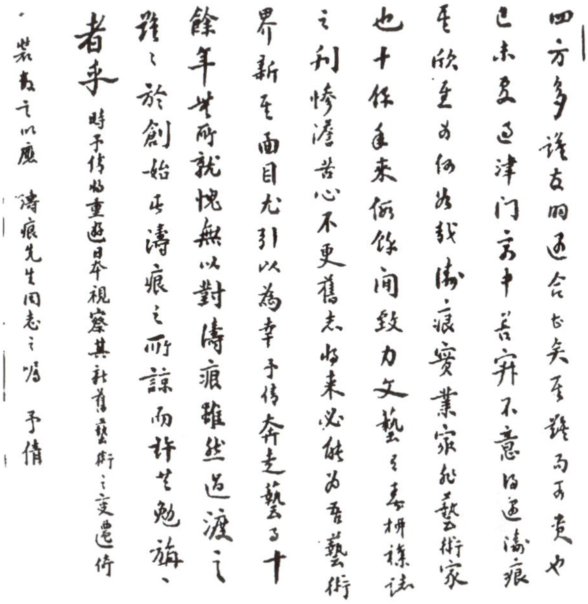

1919 年，《春柳》杂志刊登欧阳予倩
重游日本考察戏剧时致李涛痕信

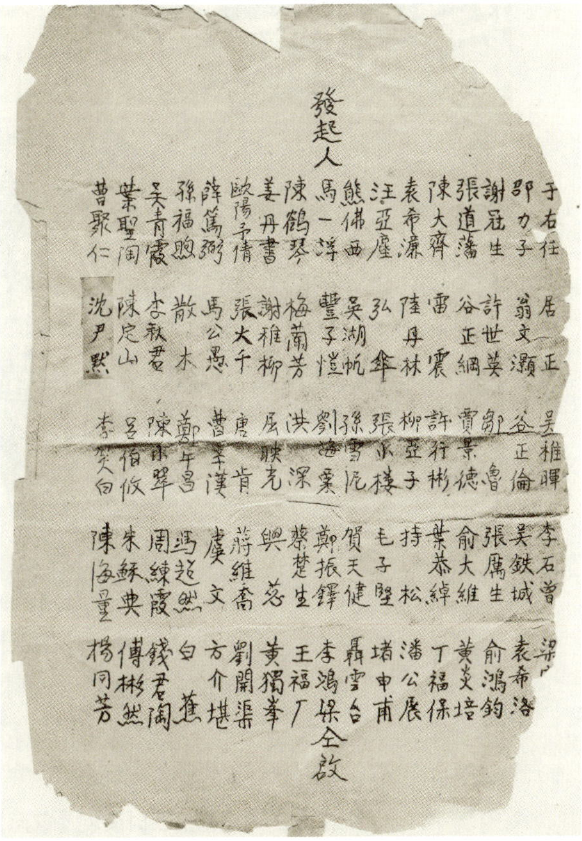

1942 年，春柳社发起人李叔同
（弘一法师）去世后，欧阳予倩等人
为旧友发起征集文献的活动

1921年，欧阳予倩在时装剧《家庭恩怨记》中饰小桃红

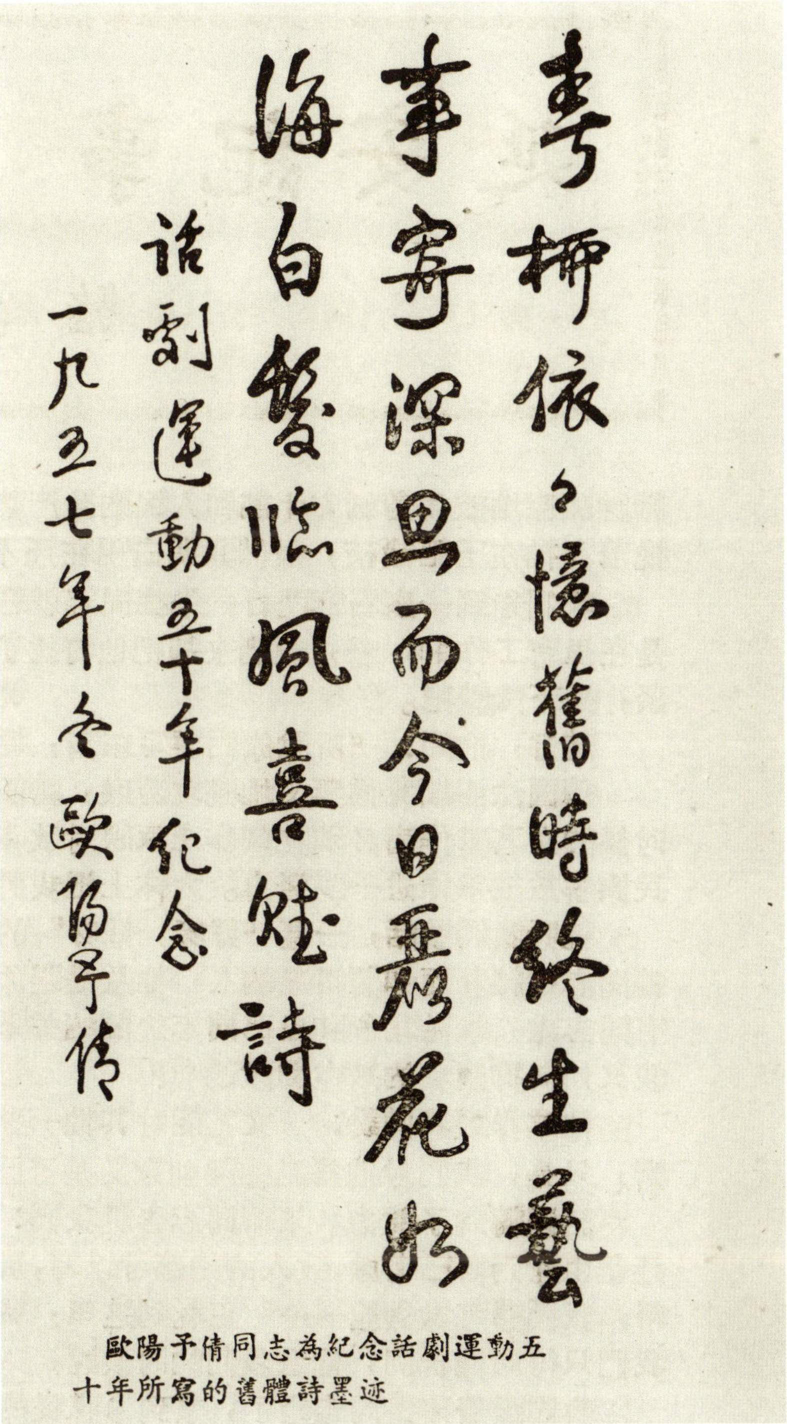

春柳依依忆旧时终生艺

事寄深且而今日落花飞

海白鬓临风喜赋诗

话剧运动五十年纪念

一九五七年冬 欧阳予倩

欧陽予倩同志為紀念話劇運動五
十年所寫的舊體詩墨迹

1957 年，欧阳予倩为纪念话剧运动五十年题诗，第一句就提及春柳往事

得天欧子擅歌喉（1916—1918）

1925 年，欧阳予倩在京剧《贵妃醉酒》中饰杨贵妃

我不过是一个伶人*

我不是科班出身，算票友吧。从来没参加过任何票房，单凭醉心戏剧，便选定了自己的职业，经过相当长时期的寻师访友，走过不少弯环曲折的路，碰过不少钉子，也栽过筋斗，这才也算在舞台上占了一个小小的位置。整整演了十五年，而被承认某人是个唱戏的。

我搞戏，家里人一致反对自不消说，亲戚朋友有的鄙视，有的发出慨叹，甚至于说欧阳家从此完了。我妻韵秋受了各方面的压力，写信劝我回家，我回信说挨一百个炸弹也不灰心，她也就不再说什么。及至我要"下海"演京戏，就连平日同在一块儿演新戏的朋友也来反对。有一个同学拉住我的手说："予倩，你怎么搞的！你怎么得了！搞搞新戏嘛，还可以说是社会教育，搞旧戏这算什么呢！……"此外还有不少人见着我就作怪相，还会

---

* 本文前三段节选自《我怎样学会了演京戏》（《戏剧报》1954 年第 1 期），此后文字节选自欧阳予倩《自我演戏以来》（中国戏剧出版社，1959），标题为编写者所拟，标点有改动。

说些冷言冷语，大概他们自以为是最聪明最高尚最有出息的人物，因此才看不起我，我也就不理睬他们。像这样，我学京戏只有人反对，没有人赞成，更没有人帮助。尤其困难的是演新戏的收入仅仅只够吃饭，又没有任何别的经济来源。那个时候出门经常没有车钱，想买张票看戏都很不容易。还记得梅兰芳第一次到上海，我很想看，可是只看过一次。

在以上的情形之下，我学戏只能是断断续续的，碰上机会就学一点儿。一丝一缕慢慢儿积累起来，由一句半句到一段两段，再拼凑成一个整出，尤其是最初的两出，费的时间特别长。当时我很羡慕人家有留声机，可是那种"奢侈品"在和我接近的朋友当中都很少有。

我因毛韵珂认识了薛瑶卿，他是个唱昆腔旦角的，小名宝生，听说年轻的时候甚为漂亮，后来改唱二黄青衣，会的戏很不少，腔调全是南边味。他五十多岁还在登台，人人都知道他是个慈和的老人家，他扮一个慈和的老太太，可称绝妙。我自从认识他，不久便作了好朋友，我的昆曲大半是他教的。

我在西湖，起初因为有我尊、剑云一班人，演过好些新戏，后来他们都走了，我便专演旧戏，《卧薪尝胆》是临走那几天才排的。

我那时候演的比较新颖的戏就是红楼戏，如《黛玉葬花》《宝蟾送酒》之类，都颇受欢迎。《葬花》是张冥飞和杨尘因两位合编的，经我改过一次，演过之后，又改一次，便成了我前几年所演的那个样子。说起来可笑：有一天，我在四马路走着忽然肚子痛，就想出恭，恰好遇见冥飞，他说只有尘因的家最近，我就跟他同到尘因那里，一面出恭，一面谈话。——在上海无论谁家，除非大阔洋房，没有厕所，大家都是用马桶。放马桶又没有一定的地方，不是门后，便是床后。我们当着熟人，往往随便出恭，不甚客气；尤其是江梦花，他常把马桶放在客堂正中，许多戏迷朋友坐在他的四围，他议论风生的时候，便四围转过来转过去的载笑载言。有时他坐得特别久，也许哼着腔就把时间忘了。闲话少说，我在尘因家里去出恭，我们一面就谈起要编新戏，当时就决定编《葬花》，便你一句我一句地胡诌起来，剧本就成功了。

我历年来所编的京剧本不少，从来没有发表过，因为我没有想到把剧本给人看，我只求我能够在台上演。我并不想做剧作家，只想做一个勉能胜任的演员。而且我对自己写的剧本演过之后总觉得不够满意，认为没有什么发表的价值。

我头一次在第一台搭班子，演的完全是旧戏,《玉堂春》《祭塔》最受欢迎。我那时的嗓子真好，能高能低，又亮又脆又甜，又有长劲，禁得起累。那时候唱青衣的只要有十来出戏就能够搭班子了。我到了杭州，便除旧戏之外另编了些新的。各处的风气都变了，十余年来非有新作，谁都不行，戏饭也不是容易吃的。

我在第一台虽然是下了海，在杭州是出码头搭班的头一次，职业伶人的滋味，觉得并不很佳妙。初到的那一天，老板照例请吃一顿饭，叫作下马筵席。在席上所谈的无非是谁在那里卖钱谁不卖钱的话，其次便是商量一些关于戏目的事。他们很希望有些阔朋友来捧捧场，但是我在杭州可以说一个阔朋友都没有。照例伶人到了一个码头，总要去拜拜当地的绅士、报馆和一些江湖上的有力者，但我绝对不肯干，我以为这是很可以不必的——以为值得一看就来看看，不值得一看便不来看算了。尤其是见着人说一声"请您多捧"，这句话我无论如何说不出口，这是老板最不高兴的。

我从杭州回到上海，仍住林绍琴家，身边除新置了几件行头之外，一个钱都不胜〔剩〕，东借西借过日子，每天只是读书、学戏。祥云仍然每天见面，彼此研究，绍琴也教我不少唱的方法。我从那时起，请了克秀山教花旦戏，如《浣花溪》《得意缘》《梅玉配》《双钉记》《乌龙院》《杀惜》①之类，接二连三学得不少。那时我早就和贾壁云②作了朋友，《乌龙院》的身段是他教给我的。我和他见面的时候很少，但是交情不错，我没有行头的时候，他能不吝惜地借给我，我至今还是很感激他。

梅兰芳第二次到上海，我在一家熟人的宴会上认识了他，他的戏我也看得比他头一次来的时候为多。我的嗓音，有一部分和他相象，人家以为我的戏是从他摹仿来的，这却不然。我的戏直接教过我的，第一个是陈祥云，其次江梦花，其次林绍琴（唱工得益较多的要算绍琴），还有便是克秀山、李紫仙、汤双凤、周福喜。李先生也是教我唱，周先生教我刀马和许多花旦戏；间接受影响的便有吴彩霞、梅兰芳、贾碧云。我和彩霞相识颇早，以后又同过班，当然有些习染。梅先生呢，我不知不觉有些儿和他相象的地方，很容易受他的影响；碧云虽然是梆子花旦，我因为欢喜他这个人，便很注意去看他的戏，尤其爱他演的风情戏。

我从1911年离开家庭，绝对不受家庭的接济，家里也实在没有力量能

---

① 原文为《杀媳》，应为《杀惜》之误。
② 原文如此，"贾壁云"和下段的"贾碧云"均应为贾璧云。

供我的用费。我祖父虽然作了几年官，他是个儒者，从来没有把钱放在心上。他常说，只有几千卷书留给子孙，这也就够使子孙不致仰面求人的了。我演戏尤其是瞒了家里，可是乡下人造我许多谣言，往往会传到祖母耳朵里去，曾经因此引起些风波。她直接骂不着我，只是很严重的责备我母亲。我母亲对儿子的择业素无成见，我也毫不反顾，便一直干下去了。有时在上海穷得没有办法，把所有的东西当得精光，生活还是无法维持。1915年秋从杭州回来，东拼西凑的过了好几个月，恰好民鸣社要来聘我再演新戏，出的薪水照我演旧戏一样，这在新戏界是从来未有的。许多朋友都主张我去混混，我便答应了。那时上海新剧界的名角，如郑正秋、顾无为、查天影、汪优游、凌怜影、李悲世、钱化佛、张双宜等等都荟萃在民鸣社，我进去，我尊也受了聘，还有任天知也和我在同一天登台，真可谓极一时之盛。平心而论，大家虽然不用剧本，那时的戏也并不怎么坏，不过是一种闹剧式的东西罢了。

我在民鸣社，除演新戏而外，也偶然演两出旧戏，因为可资号召，便常派我演，以至视新戏几乎成了副业。这种办法，一时虽颇有效果，但始终还是与剧场不利，我在民鸣社觉得无甚意味，不久也就离开了。我仍然回到湖南，过了一向，瞒着家里把我妻韵秋接到上海（1915年冬）。我们在梅白格路祥康里租了一楼一底，胡乱租了几件家具，就成立了小家庭。冯叔鸾的家就在对门，他从前的夫人很帮助我们许多的事。夜晚我出去了，她怕韵秋寂寞，常常过来陪伴到很晚才去。

我自从这回到上海，便又搭了第一台（1916年春），和周信芳、冯春航、吴彩霞同班。这次在第一台，时候比较久——不大记得了，好像有半年；以后又回家乡一次，再到上海仍然到第一台。不久祥云约我到苏州，演了两个月，生意很不错，可是精神上极不痛快，我不知不觉有些厌倦，除却敷衍几出戏之外，专和一班怪人，饮食征逐，除掉吃，就是游山，发起牢骚来便胡乱哼几句打油诗；没有事便和人打两块一底的麻将，打不满四圈我又跑了，以后便没人肯和我打。有时到茶馆里去下下围棋，有时便一个人到留园假山背后去躲个半天。那时正是军阀专横，政局昏暗到了极点。我一天到晚只觉没有路走，消极的愤慨，变成无聊，一天天的日子无不是混过的。同班的人都觉得我的地位很好，看着有许多神经过敏的地方，便以为我有神经病。我那个时候的生活，只有"穷""愁"两个字可以包括。

恰好天影、优游、双云他们合办笑舞台，天影自己到苏州来约我，不久我便回到上海，在笑舞台登台。

当时因为有些文士研究《红楼梦》，号称红学，所以红楼戏非常盛行。在上海除我之外演的人甚少，所以一演必然满座。因为要有一个适宜的小生，我便和天影结合起来，把《红楼梦》里面可以编戏的材料全给搜寻出来，随编随演，总共有《黛玉葬花》《黛玉焚稿》《晴雯补裘》《宝蟾送酒》《馒头庵》《鸳鸯剑》《大闹宁国府》《摔玉请罪》《鸳鸯剪发》等戏。笑舞台虽然是演新戏的戏馆，可是自从我到了那里，三天两日总要加演红楼戏，临时从外面去找锣鼓，租配角的衣服，虽然费点儿事，却总是满堂，也就不在乎了。

那时候笑舞台的新戏，从来不用幕外，所以我所演的红楼戏，虽然是照二黄戏编的，却是照新戏分幕的方法来演，因为嫌旧戏的场子太碎，所以就把许多情节归纳在一幕来做，觉得紧凑些，而且好利用布景。双云为了我的戏特意作些新布景：譬如《葬花》，便特制潇湘馆景，很为幽雅——回廊下挂着鹦鹉，纱窗外隐隐翠竹浮青，偶一开窗，竹叶子伸进屋里来。我以后在其他的舞台演，都没有像这样的精美。《晴雯补裘》也是在笑舞台演得好，其他的地方一则没有那么许多旦角，二来不肯专为一出戏十分排练，所以不容易整齐。我的戏都非常注意配角，每每一个很轻的角色都很关重要，而且我演戏，不专求一人出风头，要注意整个的平均；在编戏的时候已经就是这样编就的，所以有许多戏不容易实现，勉强去演也没有好结果。如《补裘》这种戏，换一个地方，换一班配角，便简直不行。不止《补裘》，别的戏也都是一样。

这回我在笑舞台，演戏上没有什么困难，演新戏，偶然也很整齐。如《热血》之类完全用西装演，布景也颇调和，表演也不过火。我们还用整套的日本布景、日本衣装演过《不如归》《乳姊妹》。还有便是《空谷兰》《红礁画桨》《迦茵小传》一类的戏也颇受欢迎。只有《西太后》，我没有加入。

二次笑舞台演完，便于1918年春天进了九亩地新舞台，在新舞台演了一年半，便离开上海到了南通。自从杭州演戏，至到南通为止，在我的演戏生活中可以算一个段落。这许多年，我的生活独立问题总是和艺术的期望两下裹着。有一个时期我颇以唯美主义自命，我所演的戏大部分是爱情戏，这一半是因为自己角色的关系。我从来没有在台上演说过。自从演了京戏以后，甚至有一个短时期我不信戏剧艺术除掉以美感人之外能够在何种具体目的之下存在，这一层在当时便有些道学先生反对我。[①]

　　我每天颇有闲暇，便读书作诗，并补习些外国文；然而我所注重的是演戏——演我想演的戏。我总觉得虽然是挂头块牌的旦角，总没有丝毫表现长处的机会。最不好的是我每天都读几行新书，有几个日本朋友时时都介绍给我一些文艺批评和创作，这些东西，使我对于现状越发不满，而我烦闷的态度时时露于外表，因此有许多人说我有神经病。我每天到后台很觉得无聊，便学徐半梅的样，带一本书去。我曾经见半梅在笑舞台后台读完一部《红叶全集》，我很惭愧，读书没他那样敏捷，而新舞台的后台电灯也和我的眼睛一样不很够亮。

　　我在新舞台演戏没有甚么成绩。人家都说在新舞台演戏功夫要退步，在某一点上看起来的确不错。尤其是武工，因为不甚注重武戏；其次就是唱工，慢板是从来都唱得很少的。——短出的戏，偶然唱一唱，平素多半把唱工戏束之高阁。专靠演旧戏吃饭的角色，不很愿意搭新舞台，这也是一个原因。我呢，演自己的戏的时候很少，不过生活却颇安定。夫妇俩租一所一

①　我之所以倾向"纯艺术"的想法，约有如下几种原因。（1）演新剧的时候虽常提起社会教育，但如何通过戏剧推行社会教育并没有好好研究过，也弄不清其中存在什么问题，及至演了京戏，不懂得怎样才能把这种戏同社会教育联系起来，当时我是把艺术和宣传对立起来看的。我认为象《黑籍冤魂》那样的戏只是宣传，不是艺术，因为从中听不到唱工，也没有甚么好的表演。（2）当时有人反对我演《馒头庵》，却要演《归元镜》一类宣传佛教的戏；还有人劝我唱《割肉疗亲》之类愚孝的戏；我都以唯美的理由拒绝了他们。我对迷信和封建道德是坚决反对的。（3）坪内逍遥曾把艺术分别比作醇酒和药酒二类：认为醇酒是滋养品；药酒必定有副作用。我颇受这个说法的影响。五四运动以后，我从日文书里读到一些左翼的艺术论述，对艺术的作用，看法有些改变，直到参加南国社的时候才明白艺术是武器。——原注

楼一底的房屋住起来，每天还有些工夫读书，练戏，闲时还可以到郊外去逛逛。不过这种安定的生活不是我所能满意的。可巧有一个同乡人介绍我到南通去演义务戏，我听说南通是中国的模范县，所以很想去玩玩，于是便请了几天假去演了四天戏，因此认识了张季直。

当这个时候，张敬尧正在湖南作恶，凡属与民党有一点关系的人都避陷害，而他的兄弟张敬汤尤其擅作威福。于是各县各乡的志士都想起而驱此恶贼，民军四起。我外祖刘艮生先生为当局所疑，不能安居，动身来到上海。我弟俭叔，在乡下想起民军，为官迷的戚友到省城去告密，下令查拿，一面要封我们住屋，遂使我祖母和母亲不得不避到乡下，带着我的小侄儿住在一个佃户家里。我弟弟连夜逃走，母亲于月黑风高的半夜送他过一座山，当时的凄苦如今还留着创痕。我弟弟到了上海，几个有关系的亲戚也来了，我住的一楼一底，一时人满；而祖母和母亲又不能在乡间久避，只好一齐接到上海。我妻韵秋，只好立刻赶回湖南去接，这样一来，我便弄得十分困难。正在韵秋离沪后两三日，忽然所有的行头、衣服全被跟包的伙计偷去当了。我身上没有一个钱，弟弟病在床上，亲戚们也都生病。有一天晚上，我一看厨下没有柴米，第二天就要断炊，想找点甚么去当，谁知才打开抽斗一看，早已被人席卷一空，我只好姑且脱下身上的马褂，敷衍了一天的伙食。那几天四处去借钱自不用说，可是寄出的信都没有回信，去见人也没有着落，真是越急越没有办法，最后还是向夏三老板想了点法子，才过了急难。一面再设法请侦探，寻找行头，谁知侦探刚请好，报了巡捕房，那个伙计又把当票寄回给了我；反白花了数十元去谢侦探。幸喜祖母和母亲到沪都很平安，不过从此后把湖南的大家庭生活移到了上海。

正另外租好房子，打在上海长住的主意，忽然南通派人来约我，说是张四先生想起一个科班，还要造一间戏馆。于是我写了一封信回张季直，把我想办演剧学校的计划告诉他。他回信一切同意，并说曾托熊秉三在北京招了一班学生，于是我也就答应到南通去。

1915 年，欧阳予倩饰演《打渔杀家》中
萧桂英时的排演照片

1916 年，欧阳予倩在《黛玉葬花》中
饰演黛玉

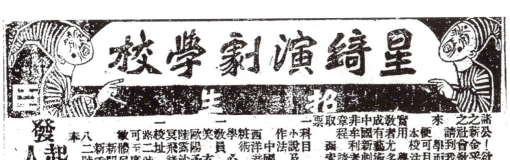

1916 年 10 月 14 日，欧阳予倩、玄哲（韩）、汪优游、朱双云主持的
星绮演剧学校在《申报》上刊登的招生广告

南 社 入 社 書

姓名	歐陽立袁 字予倩又字小牡
	歐陽立裴 字劍牡又字寒鋒
年歲	予倩 二十九歲
	劍牡 二十四歲
籍貫	湖南長沙府瀏陽縣
居住或	上海東棋盤街湘益公 瀏陽雲盤本宅
通訊處	上海東棋盤街湘益公牛美汽 般公司黃酉里亮先生轉交
介紹人	徐劍珠 孟蕉
年月日	六年十月二十日

1917 年 10 月 20 日，欧阳予倩加入南社的入社书

1917年欧阳予倩（右）自编自演
《馒头庵》，饰演智能

欧阳予倩演出《宝蟾送酒》时的定妆照

1918年，欧阳予倩演出京剧
《晚霞》时的定妆照

欧阳予倩演出京剧《思凡》时的定妆照

1919年，石井柏亭为欧阳予倩绘制的
《贵妃醉酒》图

1919年4月14日，日本画家石井柏亭参观上海
新舞台后台，为扮演林黛玉的欧阳予倩绘制的
一幅素描

1925 年，欧阳予倩（左）在京剧《打渔杀家》中饰萧桂英，刘汉臣（右）饰萧恩

欧阳予倩（右）在京剧《长坂坡》中饰
糜夫人

欧阳予倩登台演出时的广告

伶工更俗济时方（1919—1921）

1920 年，欧阳予倩与张謇、梅兰芳等在博物苑南馆门前合影

左起：薛秉初、张孝若、欧阳予倩、张謇、齐如山、梅兰芳、姜妙香、姚玉芙

在南通住了三年*

　　我辞了新舞台的朋友，先到北京去看学生，看过之后，甄别了一下，先派人送回南通；就着有工夫，我便偕同张氏的心腹人薛秉初，由北京而奉天，而朝鲜，到日本去走了一趟。秉初因为在日本不惯，住三天就回来了。我原意是要就这个时候考查［察］一下日本戏剧界的情形，我去访问了在上海认识的画家石井柏亭氏。又因小山内熏氏的介绍，参观帝国剧场，还看了一天大坂最有名的傀儡戏。本想多参观些地方，不想生起病来，在病院里住了一个月，甚么都没作，一出院就赶回了上海。

　　我二十三岁才出麻疹，出的时候几乎死了。在未出疹子之先，我一只手能举八十斤的铁锚掷出去；又能转动五百余斤的方石，推到十几丈以外，再推回来；腿向后一弯，在脚跟上站得起一个大人；自从一出麻疹，甚么气力都没有了，瘫软在椅子上，经过三个月才好。好了之后，每年到夏天就要发

---

*　　本文节选自欧阳予倩所著《自我演戏以来》(中国戏剧出版社，1959)，标点有改动。

软不能走动。这回到日本正当夏天，在北京又有许多的应酬；天气太热，火车的路线又太长，受了暑热的结果，一到日本，就又完全瘫软了。同时还发生几种炎症，越发没有办法，只好入院。

在病院里头并没有一个人来看我，因为朋友们都不知道，等到有人知道，我已经差不多出院了。幸喜一个看护妇还不错，她替我找了一个人，买了不少的书。我每天只是睡着，远远听见弹琴的声音，我就想起舞台上的生活。想去看戏，却又动不得。只有读书，读了就睡，睡醒了又读。读完了一册《复活》，一册《卡尔门》①，一册雨果著的《哀孤星泪》②，还有两册卢梭的《忏悔录》，两册社会主义的书，又零零碎碎东翻西翻看了些短篇小说。这些书里没有一个写病人心理的，我便伏在床上写了一篇日记，曾经在南通的报上登载过一半，如今也不知稿子到哪里去了。

我从日本回到上海，病也完全好了，便退了上海的房子，全家搬到南通；而我的生活又为之一变。

我到南通住了三年，本抱有幻想，不料一无成就。人家个个看我是幸运。但我物质上既无所得，精神上的损失，真是说不出来。

张季直待我不错，我也以长者尊敬他。不过彼此思想很有距离，他到底不失为状元绅士，我始终不过是一个爱演戏的学生罢了。

我到南通的目的，是想借机会养成一班比较有知识的演员。我又想在演剧学生能用的时候，便组织江湖班似的流动团体，四处去表演自己编的戏。

---

① 《卡尔门》，今通译为《卡门》。
② 《哀孤星泪》，今通译为《悲惨世界》。

其次我想用种种方法，把二黄戏彻底改造一下。关于这几层，我曾经演说过好几次，又写过好几篇文章，在当时的环境里可以说是毫无影响。本来在南通人的意思，只希望我在那里唱唱戏罢了。

我一到南通就在西公园的旧剧场里演戏。同时新的"更俗剧场"也就开工建筑，"伶工学社"的学生也开了学。

西公园的舞台当然是很简陋的。在那里不过随便演些旧戏，却是为卖钱起见也排了几出新的，可是大都不能满意。

伶工学社的学生，大半都是些贫民子弟。伶工学社的办法第一是要求他们能读书识字，所以我聘请有比较好的国文教师，而且对于社会常识都很注意。我把一切科班的方法打破，完全照学校的组织，用另外一种方法教授学生。那时候照秉初和天影的意见要照旧科班办，不同意我的做法，但是我有牢不可破的主张，所以他们也不愿意踏进伶工学社的门。

我在校内写了有几个信条，张贴在各处，第一条开宗明义就说："伶工学社是为社会效力之艺术团体，不是私家歌僮养习所。"第二条说："伶工学社是要造就改革戏剧的演员，不是科班。"这本来是很平常的话，不过在当时只落得人家几声冷笑。

我不愿意我们的学生什么都不懂，所以买了许多新杂志和新小说等奖励他们看，如《新青年》《新潮》《建设》等等都抽空去讲解些。可是徒劳了，学生的年龄太小，知识太幼稚，没有办法。加之那班教戏的先生，一天到晚都是勉励他们赶快学出来好拿大包银，这种种话比我所说的什么话都有力量。

有人对季直说:"人家的科班三个月可以出戏,伶工学社几时能够有戏看呢?"我便说:"科班是用火逼花开的办法。若要办科班,找欧阳予倩便是大误。"

有人当季直的面问我:"学生国文的钟点不太多吗?"我说:"我还嫌太少。"季直接着说:"要他们学成你那一样的程度当然不容易。"我不高兴便说:"我不愿意他们像我这样没出息,何况他们比我还差得远!"

更俗剧场新建筑落成了,舞台的图样本是我审定的。造了一小半的时候有小小的更动,我大不以为然,但是许多人都请不要提起,我也就只好不说。落成之后觉得很拢音,在楼上、楼下最后一排都听得很清楚,而且比上海的大舞台、第一台、天蟾之类的舞台都适用,不过改动的一点始终觉得不好。

剧场管理规则完全是我一手拟定的,那时剧场秩序之好,恐怕通中国没有第二家。座位依一定的号码,场内不售食物,看客不吐痰,不吃瓜子。有吐痰的马上有人拿毛巾替他擦干净;有自己带着瓜子进来的,有人马上替他拾起吐下的皮。无券看白戏的绝对没有。后台的演员绝对不到前台坐着看戏。招待员常穿着制服很严肃地站在门口。开幕之先一个个坐位都有人检查,演毕马上就将地板洗过。

后台从来没有喧哗;门帘口没有人站着看戏;墙上决没有人写字;地板每天洗一次,地下也强制地没有人吐痰。后台所有的人都有一定的坐位,不至乱杂无章。从来旧剧演员排新戏照例不到,但是在更俗剧场没有不到的。别的虽没有好处,总算清洁整齐,比别的后台略为看得过些。

以上所说的许多琐碎事，在现在的新式剧场里当然是毫不成问题，不过在那个时候，在中国内地那种环境之下，在旧戏班的后台，实在不容易办到。即就吐痰一事而言，你刚说不许吐，回头一看，已经满地是痰。还有一个人，他伸着大指头对我说："我什么都改得了，就只有吐痰改不了。慢说是这样的地板，就是像某某家里那种厚绒地毯，我也就是这样咳儿——孛儿。"说着一口痰已经顺着他的表情落在地上。我当时气了，也就唤起了一个决心。我说："不随地吐痰是极小的事，要是连这一点儿小事都改不了，可见我们的下流根性太深了。如果我们的重要演员不肯改他的下流脾气，一定要破坏大家遵守的规则，我们宁愿牺牲这个演员。他为他自己的下流脾气被牺牲，是他的耻辱，能完全除掉这种下流脾气才是我们这团体的光荣。"我对他硬来，终于他也软了。还有门帘里伸头出去看的习惯，也很费了许多的事。有一回前台经理掀开门帘朝外看，我当时照后台的规则罚了他，从此以后一切都渐渐地就绪了。

更俗剧场论管理可以算是不错，论戏却没有甚么进步。所演的戏太俗恶的虽然没有，好的也数不出。南通的绅士们颇提倡昆曲，不过要卖钱还是要靠新排的二黄戏。我当然排过不少的戏，但我对于自己所排的戏，从来没满意过，所以从来没有留稿，现在更不愿意再去提起；至于当日卖钱不卖钱那是另一个问题。

我在更俗剧场也曾编过好几出话剧，可是到如今连戏单都没有留存一张。我所作的诗文，从来都是随作随弃，剧本也是一样，还有要赶戏的时候，写整个剧本来不及，便由我口里说，演员们各人分记，叫作"单片"。

这种单片，演过之后，我也没有工夫去收集，略一因循，便不由得渐渐散失了。

更俗剧场开幕的第一天，张四先生亲到升旗，这总算是很隆重。那天晚上，演的是我所编的五幕悲喜剧。因为开幕的头一天，所以戏名总要取得吉利些，这个戏的名字就叫《玉润珠圆》。这一类的名字，现在一看，可以说不像个戏名，就是以戏的内容而论，也觉得这个名字不恰切。

我以后又编过一出叫《长夜》，一出叫《哀鸿泪》，一出叫《和平的血》，还有些记不起了。

南通自从更俗剧场开幕后，所有国内的好角色可以说都去过，梅兰芳、余叔岩、王凤卿、杨小楼、郝寿臣、罗小宝、王蕙芳、程艳［砚］秋、王长林等都到过。剧场还没有竣工，张季直已经有信约梅兰芳。以后，北京的角色都陆续在更俗剧场登台了，真可谓盛极一时。我对于此举不甚以为然：一来，就戏馆的生意论，南通地方小、大角色偶然一来费用多，而收入有限，等到大角色演完了，以后的生意不好做；就学校的学生而论，我不愿他们把畹华的戏剧当最高的标准。但是那个时候，只要玩得热闹什么都不管，自从畹华来过以后，北平的角色都陆续在更俗剧场登台了，真可谓极一时之盛。

我才到南通，祖母就去世了。我送了灵柩回湖南，丧事办完了，经过汉口，被大舞台留住演了三天。那时正是王蕙芳、郭仲衡两位在那里主持，他们硬留我，还有许多熟朋友帮着拉拢，我就答应了。我甚么都没带，所有的行头等等都是用蕙芳的，又烦了两个绸缎店在两天晚上赶起了四套古装。戏演成了，生意特别的好，因此我回到南通不久，又和蕙芳对调，我到汉口，他到南通。从此以后，我又连到过汉口两次。跟我到汉口的人，薪水都比平日增加许多，有的一倍以上，有的还不止，因为这样，人心也赖以维系。我在中国各埠演剧，最受欢迎的要算是在汉口。汉口观众对我那种狂热，真是出乎意料，尽管大风雪天，电线都断了，戏馆里还是满堂。许多大名角都不能演在我的后头。只是我很惭愧，我的戏真还不够，在我自己，只不过以为偶然罢了。

南通剧场每年只演八个月戏或者九个月戏。冬天看戏的少，照例停锣鼓，这时候便有人来约我们到他埠去演。我到南通的第二年冬天，恰好余叔岩到南通演完了戏，约着一齐到汉口。到了汉口，叔岩忽然在开幕的时候，跑回北京去了。他这是故意让我打一个头阵，他来接上便好格外显出他的号召力。这种心理，不止他有，可是象他这样硬干的，我可也是头一次见过。他是个著名会出花样的，他登台几天之后就说病了。忽然这样，忽然那样，花样非常之多，结果弄得不欢而散。这一次天影他们本想在汉口独立的，一来是秉初不赞成，他不主张放弃南通；二来汉口方面出钱的人，第一个条件就是指明要我，他们独立不成，还是回到了南通。

我主张剧场归伶工学社运用，以巩固伶工学社；秉初主张伶工学社附属于更俗剧场。我主张逐渐由伶工学生主持更俗剧场，宁肯卖少点钱，只要能够敷衍开销就行了；而秉初却主张多请角色多卖钱，伶工学生只能受雇。就以上两点，就可知道伶工学社和更俗剧场成了个对立的形势。我的主张没有变更，秉初也决不肯让步，再加上些旁人的挑拨，以至渐趋于破裂。

伶工学社办到第三年，经费渐渐不继，事实上非将更俗剧场极力整顿，把全部收入都归伶工学社不可。过了上半年，我就有意带着学生到别处去谋生活，恰好汉口来聘，我便答应了。最重要的条件，就是要维持伶社的开销。当时有我的好朋友反对此举，他说汉口这个码头，为我个人计要好好的留着，千万不可和人家打长的合同。这个话很对，但是我专只想到替伶工学生设法，没有计算到自己的利害，竟自带着一班学生到了汉口。

此次到汉口生意不大好。但是伶工学社本年的用费总算维持住了。这一回天影盛意居奇，数年相共，从此就分了手。汉口半年期满，已到严冬，其时马连良、杨瑞亭都被聘到汉口，前台的人要我在汉口演下去，和杨瑞亭合作，组织后台，我觉得没有意思，便又带了全班人员和伶工学生回南通过年。

汉口的前台，因为不容易组织班底，又想在第二年正月多少作些生意，所以用种种法子留我，我不肯，他们甚至于想用一种江湖上的暴力来逼我。我为顾全面子起见，临行自愿尽义务多演十几天。又全体多演五天，其中一天说明是为筹旅费。我怕他们赖我们的旅费，所以郑重声明，谁知临了还是只替我和伶工学生买了船票，其余全班的人都没有人管。到了船将近要开的时候，我只得带着一班唱戏的把前台经理请到船上问他要船票。那回有朋友帮忙，所以办得很顺利。不然少数人，倒很容易设法，全班总共百多人，又带着公家的行头、布景，以及私人的行李等二三百件，只要闹点乱子，真是难于应付。那回总算大家安安稳稳地回到了南通，没有出甚么乱子。

我临从南通到汉口的时候，本来约定更俗剧场照往年的例在下半年停演几个月，等我们回去接着再演。不想秉初早已和很糟的一个女戏班订了约。

我们回去，舞台被人家占住，伶工学生去演戏，还要和那个班子去商量。这件事我心里无论如何忍不下。还有就是音乐队被解散了。经费既没有着落，剧场又不能应用，我自己也穷得不成样子，总计三年之中，垫出去的钱不下七八千元，再没有力量继续，我只有决计离开南通。

本来自我到南通以后，环境一天逼紧一天，我早就有去志。一来以为学生多少有希望，二来因为我的家一时也无从安置，就也忍耐下去了。后来弄到忍无可忍，而我所视为鸡肋者，方有人耽耽［眈眈］旁伺；加之有些因为荐角色不能如愿的人，写信攻击我，说我是乱党，逼得我不能不走。

在那个时候我也早有预备。张敬尧滚出了湖南，我便把家里的人一部分送了回去，夫妇二人轻快地离开了南通。这只算是一个乱七八糟的梦吧。

不久我还回到南通去过一次，只见剧场的大门也破了。伶社学生中除少数尚能自爱外，抽烟、聚赌、堕落的事不一而足。这也只好付之一叹罢了！

1919 年，30 岁的欧阳予倩

1918 年,《新青年》转载欧阳予倩
《予之戏剧改良观》一文

1919 年，欧阳予倩为梅兰芳题写扇面

1919 年 11 月，欧阳予倩（一排左二）与张謇、梅兰芳等人在南通城南别业合影

1919 年，欧阳予倩主持修筑的更俗剧场落成

更俗剧场内部座位图

更俗剧场舞台图

更俗劇場規約

更俗劇場者南通之地方劇場也為邑中第一娛樂機關離不敢以通俗教育自詡要之感勸與慰藉參半寓針砭於談笑之中天職所在未敢多讓中國之有地方劇場自南通始必有以模範他邑執事人等及編演諸員自當競業業慎勉從事而促其進步助其改良者惟觀客諸公是賴謹佈規約伏祈省覽

一 本劇場有座位一千二百椅子板為舒服無論正廂包於進門處懸牌指明神易曉貴客如欲購西邊上場門坐位者請購雙號於東邊為單號在西邊為雙號門座位者請購單號欲購東邊上場門坐位者請購雙

一 凡座位一經賣滿不再添椅一使空氣流通一使觀客便於出入

一 凡預定之座以先後為次後來者不得爭奪茶房案目亦不得令先來者讓出以戲衍後來之主顧

一 凡預定座位請付定洋或由熟識之案目負責一經定好不得臨時退悔

一 本劇場力求清潔瓜子食物菓品等不在座中攬賣另有飲食店以供觀客休憩菓皮核幸勿亂擲地上座中除中國小帽外敬祈脫帽以免妨礙視線

一 戲劇精妙處不在鑼鼓絲絃之喧雜而在言語表情之周密處即體貼人情細微處敢乞靜聽勿嘩俾全神味

一 拍手叫好原所以鼓舞演者興采惟請勿作怪聲及吹口叫致擾他客清聽

一 本劇塲對於舊時劇場及舞台上智慣之不善者務求逐漸改革舊劇本亦當隨時加以刪訂幸觀客諸公不以遺傳之法則相責難

一 加官廢除臨時點戲及頭倒戲碼恕不應命貴客如欲煩請先期通知

一 本劇場執事人等及茶房案目均有制服貴客如與交涉或寄存物件乞認明號數及徽章俾免紊亂

一 本劇場茶房案目無論封於何等觀客均須待遇恭謹若有傲慢不闊之處請貴客通知賬房即行究罰

更俗劇場謹佈

更俗剧场规约

伶工学社学生演奏乐器照

伶工学社学生在练习舞蹈

伶工学社学生演出《摔玉请罪》　　　《梅欧阁诗录》书影

1920年，南通更俗剧场里的
"梅欧阁"，内有张謇所书"南派北派
会通处，宛陵庐陵今古人"一联

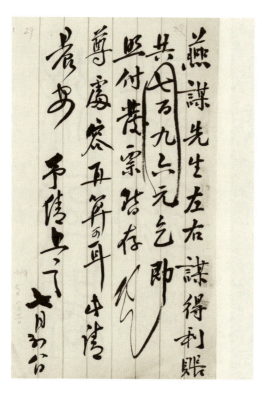

1920 年 8 月 21 日，欧阳予倩致信沈燕谋

1953 年 5 月，南通市文联赠送给欧阳予倩的旧照

1921 年，欧阳予倩在上海

1921 年，《戏剧》第 1 卷第 1 期上刊登的
《民众戏剧社宣言》

1921 年，欧阳予倩加入民众戏剧社时的社员题名录

遍尝歌场苦与甘（1922—1928）

欧阳予倩与夫人刘韵秋合影

舞台与银幕之间[*]

我离了南通，便搭了亦舞台，又和余叔岩混了一个月，和马连良混了两个月。我那时也有我的打算：总想是搭班子弄几个钱，到外国去再读两年书，关于戏剧便专从文字上做工夫。我虽是这样想，结果还是一场幻梦。

从亦舞台辞了出来，旧人尽散，我对于搭班事丝毫未去进行，每日只是读书作字，唱昆腔罢了。这个时候，因袁安圃君认识好几个唱昆曲的朋友，时相往来，并常与寒云相见。但是我手中不名一钱，典借道穷，竟没有法子继续这种名士风流的生活。韵秋从正月重病，几至夏初方愈，她竟省钱不肯继续服药。我有三个妹妹，大的、第二的都因遇人不淑，早年夭折。第三个妹妹嫁了唐有壬。三妹出阁，我正在没有办法的时候。他们婚后从长沙到上海，我竟连请一饭的钱都没有。恰好杭州来约我去演几天，我不管三七二十一就跑去了。那里除我而外其他的重要角色一个都没有，戏当然演

* 本文节选自欧阳予倩所著《自我演戏以来》（中国戏剧出版社，1959），标题为编写者所拟，标点有改动。

不好，生意也不佳，我胡乱演完几天，急急回到上海。以后又到南京下关去混了五六日，南京只有女班还行，我去生意不甚坏，但也从来没卖过一天满座。上海报上都登着我在杭州、南京连日满座，备受欢迎，一再经各界挽留等等广告式的记事，这一定是在报馆里的熟朋友替我鼓吹的。

从南京回来，因仲贤的介绍认识了戏剧协社一班朋友。有一晚应云卫请仲贤去替他们化妆，仲贤恰好有戏，来不及，便介绍我去替他，以后我也当了社员。

我从南通回到上海，因梁绍文的介绍，认识了田汉。恰好洪深回国，我到笑舞台去看他演《赵阁王》，便认识了他，不久我介绍他加入了戏剧协社。自从他导演《少奶奶的扇子》，上海才有正式男女合演的话剧。

我从南京回上海，正是夏天，便哪里都没有去，不久又以薛瑶老的介绍再进新舞台，这是 1923 年秋天的事。

这次在新舞台，干了一年半。从 1923 年秋天到 1924 年秋间，一年之中总算胡乱混过。新舞台那时候的组织仍然是和我上届在那里一样，由几个中心角色作股东与前台合作。我当然也是股东之一，月薪照生意的好坏有成数的增减。本来新舞台虽然暮气日深，变化太少，生意也还稳当，可是当时时时有战事，一来就戒严，受的影响实在不小。到了 1924 年的冬天，齐卢之战（齐燮元、卢永祥军阀混战）爆发，越见没有办法。有一晚好容易排了一本新戏要想略苏困涸，居然大卖满堂；不料临时戒严，把二千余观众，全数不放出城，从此我们的生机断了。夏月珊又恰在这个时候死去，后台负责无人，只好由仲贤、君玉、凤文和我几个人暂行维持现状。本想从速停演，谁知警察厅不准，说是要借戏园维持人心，以致越拖越苦。好容易我们才从九亩地迁移到六马路亦舞台①演了一个半月，我们这班当老板的除了几个月薪水丝毫没有之外，还要贴出许多钱去，真把我陷得好苦！

刘汉臣弟兄，我和他们同在新舞台相交颇厚。汉臣的岳父刘凤祥，在大连起班，要约汉臣和我去。汉臣的哥哥汉森和我研究，我也就答应了。回电打去，从大连就有人来接了。见面之下，答应先付一个月钱，当时交了半个月钱作为定洋。我接了定洋预备动身，便去赎些当，还要留下几个钱作家中过年的用费，而新舞台方面还要催缴赔账。可是定钱用完了，其余的钱老不送来，那接的人忽然来说大连没有钱寄来，只好请先动身，等到了那边，再行付清，我深知不妥，当然有许多的争论。我想不去了，但不去也没有办法：一则是刘氏兄弟的面子；二来我若不去必然要立刻把半个月钱退还，虽然不过千把块钱，我连二百元都还不出，还讲什么？好，去吧！我便上船走了。临走的时候母亲病着，韵秋也病了，又生冻疮，很厉害。

我在大连登台，一连七天，生意都不好，我便和汉森商量想设法退了钱回上海，他们再继续给我钱的希望是早打消了的。凤祥绝对不允我的要求，我一面作书四处借钱，等到有回信，转眼已经又是两个礼拜。

从我登台一个星期以后，生意忽然好起来，也不知是甚么缘故。大连市有人口十三万，其中九万是苦力，大都看不起戏；其余四万之中百分之九十是商人，智识分子不过占最少数。老实说，我的戏多少偏于智识分子，不合

① 亦舞台原在汉口路大新街口，因改建惠中旅馆，把招牌搬到六马路（云南路）中央电影院挂起来，不久也就完了。——原注

大连市民普遍的味口。他们爱听卍字不断头的长腔，爱看真刀、真枪，爱看不近情理、夸张色情的情节，这几层我都作不到。可是演过两个星期以后，刘汉森翻些新舞台的连台戏，如《济公活佛》之类，我在当中唱唱联弹，舞舞绸带，登时连着就是几个满堂。

我演戏越演越不耐烦，刘凤祥也不想在大连久恋，他便跑到哈尔滨、天津这两个码头去打路。另外有一班人要想夺取凤祥的班子，便极力来对付我，我是去志已决的人，当然无论怎么说也不能再留。到那时候箱底那一百元已用去了一半，还没有走成功。我那回到北边本想趁机会到苏联去看看，满以为前台多少总要给我几个钱，结果非但西伯利亚的火车没有坐成，还要借钱回上海。

凤祥从哈尔滨回来，路过奉天，恰遇着张作霖生日，他便去包了一班堂会。这事是由汤玉麟作主，凤祥承办，当然凤祥不会把大连的班子放空，于是大连一班人就变了汤玉麟孝敬张大帅的礼品。

凤祥回来，非常高兴，以为他是胜利了，而且全班的人都有赏金的希望。在北边的伶工与其靠搭班，不如靠堂会，堂会所得的份子，总比搭班多些，所以大家听见堂会都欢喜。这也是因为私家养歌僮的习惯的遗留，有钱的老爷们不必费事去养歌僮，他们可以把伶人叫到家里开心取乐。他们不是不能到戏园子里看戏，可是叫班子到家里唱觉得有面子，也格外自由些——想看甚么戏就可以点甚么戏；想让谁和谁配演，就可以拉拢；各班的好角色可以荟萃一堂，赏心悦目，既可以联络各方面的感情，又可以表示自己的阔绰，真一举而数善备焉。

在伶人方面呢，小角色只是跟着大角色走，他们都是依靠着大角色吃饭，大角色便全靠堂会的照顾，所以中等角色以及小角色都只注重堂会。凤祥这回接着了堂会，真高兴极了，全体角色没有一个不欢喜，但是我生平最反对的是唱堂会。而且这次凤祥完全没有取得我的同意，我当然可以不理。在凤祥以为他替我谋了生财之道总可以令我高兴，他当然不是坏意，而在我便不能不坚持我的主张。这样一来，凤祥急了，作揖说好话，继之以哀求，我始终没有答应。然而我要是不答应，这回的事便不成功，刘凤祥当然难于下台，后台大众以为我要阻他们的财源，大家都联合起来向我要求，前台诸人又请出几个报馆的记者和我的几个熟人一齐对我来讲。还有人想出一个掩耳盗铃的法子，叫奉天某通讯社打个电报约我到奉天去讲演，于是也好便中演出戏，不露痕迹。他说："这不是两全其美面面俱到吗？"我无论如何，不甘心被卖，于是许多人都走开了，听我们自己解决。那天晚上恰好有人来替我饯行，我把这个事也对他们说了，他们不置可否。我在散席之后接到中国银行行员王小纯一封信说："众怒难犯，止戈宜防。"旁边打着两行密圈，我便也有了打算。我一个人走到外面打听好了到上海的船，随又叫了几个挑夫，在我演满的头一天和他们讲好，约定第二天天一亮就收拾上船。一切都预备好了，我跑去找了一趟龙田长治，他听了我的话非常愤激，马上设法要去弄五百个修船的工人作我的后盾。

第二天一早，那天是 1925 年的 3 月 3 日，我天没亮就约齐了挑夫，居然把行李都运上了船。我有一个吹笛子的不知干甚么去了，老等他不来，我只好让他去。谁知他怕追不上，便乱嚷起来，被凤祥知道了，弄了全班人追我，把我包围住，当地的流氓也派人帮助他们，其势要和我拼命。不过还好，并没有对我有失礼的表示。其时《满洲报》的金念曾、海关的孙定臣、中国银行的王小纯许多人都来了。龙田长治闻信追来，还有几个新相识的日本会社员一齐赶到。大家看这个情形，都觉得后台的情形太急迫了，劝我为大家的利益牺牲，我在这种状况之下，竟只好是将就了事，他们便将我的行李从船上搬下来，存贮到别处去了。

从大连动身的时候，最可感的就是龙田长治氏一个人睡眼蒙眬到车站送我，他非常替我着急，想送我到奉天去，我坚辞，他才算了。他和我握手那个情形，如在目前。就是在大连的时候，他介绍我认识些男女画家，如伊藤顺三氏、丹羽小芳女士都是很有趣味的人。

张大帅暖寿那天，我们都进府去演戏，见了汤玉麟，他也很客气地招呼一下。我好比恶梦一般，演完一出便走了出来。第二天是正日子，街上非常热闹，许多军民扮着高跷、狮子、龙灯之类，齐集在帅府门前。一行一行走过来，经过府门，便有指挥者大声高叫："给大帅拜寿！"

我回到栈房，有好几家戏馆派人来和我接洽，并且送些钱来给我用。本来要讲唱戏的话，就在北边混几个月也不错，可是我精神上所受的刺激太多，万万没有法子再混。

分完了钱，我得一千元。我自己留了二百元作路费，其余的除开销前后台外，全数分给后台的穷苦人，这一举大出他们意料之外，我实在不过代他们抱不平罢了。拳术家王先生说我是个朋友，他自愿把我的行李一切由大连运回上海，我便全数交付给了他。

我接到了上海的信，说是陈嘉璘兄已经替我办好了搭第一台的事，第一台后台主政的是周信芳，差不多全班都是熟人，我颇为高兴，可是我在奉天还想多玩一两日。好在一个人，一件行李，尽可逍遥自在一下。

那晚回到栈房，房里已经坐了有五六个客。一个是徐士达，一个杨大光，一个杜仲枢，谈起来彼此还有点世交，还有一个便是一位新闻记者盛桂珊。除杜仲枢之外，都是奉天人，不久我和大光、士达竟成了朋友。

士达、大光和青年会的阎玉衡三位是奉天有力量的青年。他们的思想颇为进步，对社会对政治都怀着很深的不满，而且有一种不可遏抑的热情。他们说奉天没有新剧，要我替青年会的学生们排几个戏，说也好留些种子，我答应了他们，第二天便移居到玉衡的家里。他们又凑了二百元寄到我家里去，于是我打定主意在奉天住些时候。

我住在那里很安稳，译了一个易卜生的戏，看了几本书，还写了些论文登在奉天报上，我住的地方，名叫小河沿，是奉天名胜之一，可是冷天除冰雪之外，只见几排枯树。我翻着日历知道已经是绿遍江南的时候，而奉天还是冰封雪壅，有一天在一家小饭店里见几幅西湖画景，遂不禁有南归之意。

我在奉天演讲过很多次。有一天在青年会讲演平民艺术，话里有"我们要从特殊阶级手里，夺回被独占的艺术"的话，我主张彻底的革命。这回的演说颇得听众同情，青年学生和我来往的一天一天的多起来，我在他们当中挑选了一些人，排了两个戏，一个是《少奶奶的扇子》，一个是《回家以后》。还有一个独幕剧，我忘了是甚么。演的地方是总商会，收入是妇女青年会的。那回费了好多事没能做到男女合演，但是几个角色都还算过得去，而且他们很热心排练，足有一个月不断的工夫才上演的，成绩不能算坏。我最初没想到要这样长的时间，本想还排一出易卜生的戏，以后因为行期已定，便只好作为罢论。我回到上海以后，还时常接到奉天学生来的信，好像从那回以后，他们并没有继续表演。有的对于他本省的政治和社会异常不满，希求革命，词意之间，异常激烈，在国民军得了武汉以后，忽然没有音信了。

临动身的头一天下午，玉衡介绍我见了张学良，坐他的军用飞机飞了一小时，这是一个新经验。从飞机下来，那晚和玉衡、士达、大光喝了一夜山东老酒，第二天清早上火车直奔北平，一路上冰雪坚凝，还是全无绿意，谁知一进山海关，过不到几站，桃花已经红了。

在北平住了一星期，匆匆回到上海，丝毫没有休息，便在第一台登台了。那时是周信芳管理后台，一班都是熟人，相处得不错。信芳正排《汉刘邦》，我也帮他搜集些资料，但因卖座不甚好，只好一本一本地赶着排下去。他固然是忙得个不了，我也曾化着妆，利用下场的空隙，赶写剧词。这本戏当然说不上甚么历史意义和艺术企图，不过是求其卖钱而已。信芳是个欢喜读历史和历史小说，又爱好文学的人，他很想编些有意义的历史戏，但如何能把历史戏和当时流行的机关布景结合起来，使它又有意义又能卖座，却是个难于解决的矛盾。我记得在第二本里我饰的是虞姬；还有一本不记得饰一个什么姬人，和刘邦一同逃走，走到一间庙里，而追兵已至，两个便藏在香炉里面，菩萨显圣，追兵翻转香炉竟是空的，这便是机关的巧妙。人进机关，后台叫作钻机关，当我们钻进香炉里面，仅仅容得下两个人，还要用特别紧凑的方法互相拥抱，所以逼得连气都出不来。我们跑过好几个过场，往炉里一跳，蜷伏下去，和伏酸菜一样，一个木盖从上面压紧，只听得彼此的肺部和外面的锣鼓一样紧张，咙咚咙咚地响个不住；他的汗一点一点地滴在我的颈上，而台下彩声大作。从机关中钻了出来，不免粉黛交下；赶忙拂一拂尘土，改一改化妆，换上一套衣服，如此喘息未定，又匆匆地走出去，大唱其整段的二黄，风尘仆仆的我，这样连来几天，嗓音便受了影响。

登台没有多久，忽发了痛风症，左脚大趾痛不能行，只得告假养病，一连两个多月坐着不能动，并请假扣去的薪水和医药费又得打饥荒。到了冬天，第一台主人因积欠太深，倡议改组，我又和信芳、灵珠诸人当起合股的老板来，结果赔本不少，戏馆还是被人家占了去了。我从此不想再登台卖艺，我并不怕穷，不过钻机关唱联弹，还要靠借债过日子，也就觉得太不值得了。

从第一台出来，卜万苍拉我同进民新影片公司当编辑。我替他们编了一出《玉洁冰清》，并且自己还演了一个角色，片子还没有出来，我却又应了汉口的聘。最初本只说是去演一个星期，谁知从登台那日起已经订去了半个月的包厢，以后接接连连竟演了一两个月。恰好《玉洁冰清》的影片到了汉口，我率性多住几星期，作了些推销的工作。影片演完，又演了一个星期的戏，这才回到上海。

汉口夏天的奇热，这一年我算尝到了滋味，深夜在房间里一直开着电扇还有华氏九十八度。在台上张嘴一唱，汗从面上流到口里。我每晚演戏，白天还为影片《玉洁冰清》的放映忙个不了，及至动身回上海的时候，革命军已经攻下岳州了。

我回到上海，万苍因和侯曜不合，离开了民新，民新便叫我当导演。我一个尽料的外行被逼得勉强工作，只好从头学起，但在一年之中，却增进了不少摄影场和暗房中的智识和经验，而电影界的生活，也亲身尝着了。

我在民新公司的时候，女主角都是些夫人、小姐，另是一个派头。民新对导演的待遇似乎也比别的公司优些；有些小公司的导演，一个月只有几十元的薪金，却从早至晚，从晚到天亮，很少休息的时间。

在中国电影界当导演有几件事要注意——一，用钱要极少；二，出片要极快；三，片子要能卖钱，所以要苦心去揣摹风气；还有就是要绝对耐得辛苦，要受得气。前三桩是连类来的：如果用钱多，出片慢，卖不着钱，三者有一于此，必大听其不堪的闲话；三者都不如程，便要被排挤，丢了饭碗。

至于受辛苦一层，不必多说，也可想而知。片子要出得快，当然要赶，有炭精灯的公司，往往一夜拍到大天光，白天还要赶着整理片子和剧本，还要布置演员，选择外景，检点布景、服装，以及处理临时发生的事务。导演要能全盘打算，稍一不留神，便弄出笑话来。那没有灯的公司便把时间反过来，白天从早晨八九时到太阳落山拍戏，晚上办其他的事。

老板不容易敷衍，演员也不容易驾驭。有面子的演员往往不听话，还爱闹闹脾气；小演员虽然不敢闹脾气，可是大都没有才能，或是有些才能，又少了训练；所以万万不宜躁急。有时候为公为私都有忍气吞声的必要，求其方方面面周到并取得相当的信仰也不是一朝一夕之力可以做到的。

我在民新公司编导了《三年以后》《天涯歌女》两部片子。约满之后，没有继续，从那里出来又零零碎碎到内地各埠去演了几次戏。以后我很厌倦登台，只想多读点书，多写几篇剧本，差不多有半年光景，整天坐在家里。那时候许多干戏剧运动的朋友也都没有办法，以为只好从文字上多努点力，所以全钻到书斋里去。恰好革命军到了武汉，上海一班文人多从书斋里跑到街上，可是平日没有多多积累，急切也无以自见。在这种新旧交替的时候，颇有青黄不接之概，过渡期的情形，大概总是这样吧？

那时上海的新剧团还是戏剧协社比较活动点。田汉从"醒狮"退出来组织南国社，有如异军突起，我参加了南国社，并在南国艺术学院担任过一点课。又曾在一次叫鱼龙会的晚会上和周信芳、高百岁、周五宝等几位演出了我编的《潘金莲》。这要算我自编自演的最后一个戏。

1927 年，我在上海大舞台搭班卖艺，经常演的是《狸猫换太子》《观音得道》一类的戏，唱五音联弹，钻机关布景。如果只为维持生活，也就得过且过，但总觉得就那样过下去没有意思。老想自己搞一个比较理想的剧团，那怕是跑江湖也好。朋友们也认为我能停止搭班，从事文艺运动比较好，田汉同志也曾这样劝过我。他约我到南京，我以为是个机会，无论如何总可以组成一个剧团，适当的活动一下。当北伐军节节胜利直达武汉，赶走吴佩孚，收回英租界，我和大家一样，异常兴奋，感觉国事向好的方面有了新的转变。当时我对宁汉分裂究竟是怎么回事并不清楚。由于阶级意识模糊，不能从政治方面考虑问题，以为只是派系之争。当时南京是怎样一个局面，我没有详细了解；到了南京怎么办也考虑得不够周密，以为把剧团成立起来就搞到哪里算哪里再说。我到南京只想利用机会组织剧团演些较有意义的戏。

班子是仓促凑成的：有京戏演员也有话剧演员，以为这样两者都能演，可以灵活运用，事实上这样做矛盾一定很多。这个团体因为战事不到一个月就解体了。后来想起：即使继续下去也会很快就起分化，可是在那种不安定的时期，也只是走一步算一步，麻烦总是不断会有的。只没想到会垮得那样快。垮了也没有丝毫惋惜。因为还没有建立起感情。

这次戏剧股用了将近一万四千元，领公家不过一万一千四百元，存的生财约值二三千元，其余装修及杂用之费只好算是白费了，可惜一张票都没卖过，就此完结。演员们都付了一个月薪水，只是他们到上海，从前的事不能恢复，一个个多是高赋闲居。我与他们本有长久共事之约，遇此意外急变，也就无可如何。还有那些木匠、漆匠、厨子、行头店之类，都跟到上海等着要钱，他们只管问着我，好容易在朋友处设了小小法子，敷衍他们先回去了。要想拿行头变钱，漫说一时无人要，就是有人要，戏班里的东西是转手就不值钱的，所以我极力想勉强保存着。我想在上海择一个地址开演，一来可以继续主张，二来也可安置这同心协力的团体，不料经过重重困难，始终成为画饼。我以为凡事只要有计划有主张，便不怕失败，南京开演三天，自然有相当的价值，所化［花］的钱也决不冤枉，所得到的是事业上的积累，社会决不会冷淡我们的。

因为许多同伴们生活的关系，不免四处奔走。最初要槐秋到杭州去，想租西湖舞台开演；槐秋只带了三天的旅费在西湖却住了一礼拜，弄得几乎回不了上海。先以为朱隐青在那里可以想些法子，谁知他也穷得甚么似的。

杭州既不成功，又在无锡去设法，无锡又不成。一想只有苏州可去，便由朋友介绍找着苏州新舞台的主人张某，和他磋商。正在谈条件凑股份的当口，有一个政治部的同事自己来找我，坚求附股二千元，我真是高兴极了，于是约定一天的下午签约定事。到了那天，一吃过午饭，就有许多人齐集在我家里，个个都欣然有喜色。谁知时间慢慢地过去，借款的人没有回信，附股的那个朋友也不见面，只送一信来说他急病入院。我急了，走到他寓所去看他，只见衣服、帽子、被褥丝毫不乱地陈列着，等了半天，不见一个人；我便租了一辆汽车，赶到他信上所写的那个医院里去，又扑一个空。问起医院里的办事人，他们有些认识我，就替我遍查诸病室，没有那个人，我回到家里，再去他寓所，已经搬空了。留下一封信给我，说他因为那个医院不好，换了中国红十字医院，等我去到那里仍然没有，我就证明是被欺了。以后才知道他以为我有钱，想从我处行他的方便，后来他看见我着实要靠他的钱办事，他其实是妙手空空，所以只得逃避。我们的事临时受了这个打击，一时没有办法，只好一面设法回复张某，一面另图别计。

恰好有人要办闸北更新舞台，想用我们的班底，来和我商量，我便答应了。不想伙伴中有一个票友，他完全不顾大局，他虽然本事有限，只是奇货自居；好容易勉强说妥，又经过许多的困难，费了无数的精神，居然把事办妥。

舞台租定，定钱交了，角色们的定洋也发了。登起广告，挂起牌，设好事务所，排好戏，静等开场。第一天晚上，我们还照例请几桌客招待些朋友，预备叫他们捧捧场。虽然费了不少的精力，而情形并不甚好，那天晚上总算睡得比较舒服。

第二天一切都妥当了，准备夜间开幕。到了下午，有许多女工在更新舞台大门口一间茶馆里开会，因为这间茶馆建筑的时候，大约有偷工减料的弊病，人多乘不住，一时全间楼倒塌下来，压死一百六十几个女工；遍地砖石木屑之中，睡着百余具鲜血淋漓的尸首，试问我们的戏还有什么法子开？而且这间茶楼本是更新的产业，墙壁相连，因为它倒了，对更新的本身便不能不发生疑问。警察来了，禁止出入，到这个时候，我只好对大家说一句"没有法子"，彼此分手。从此以后我也就不愿意再搭班子演戏。

曾记得我有个好朋友，颇有知人之目；有一天他评判许多熟人，说某人怪，某人刁，某人清，某人浊，加我一个笨字。的确，的确，我不仅是笨，而且很笨。我自知不聪明，便万万聪明不得，于是主张说笨话，干笨事，作笨工夫，这篇自述，也不过是笨话中之一篇罢了。

前半生的事，大致都说完了，这不过叙述平生的经历，乃用以自省，既不用夸张，也无所事其装点，只是想到哪里说到哪里。过去的事自顾何能满足；一成陈迹便忏悔也忏悔不来。若是造些理由，掩饰既往，实在可愧。未来的事，是要看自己的才能和努力如何，有一分努力，便无论成败，无论别人知道不知道，总有一分成绩。空口说白话以伟大自期，似乎不免肉麻之诮；而且革命事业，也决不容人独成其伟大。换句话说，"伟大"与"平凡"的界说到底怎么样？在我是不能详加辨释。窃以为人生重要的部分，只在日用寻常之中；宗教、哲学、科学、艺术，离开了日用寻常平凡之事，便都无从成立。或者越伟大越平凡，不平凡的只有天上的神仙，但是我们没有见过；要不然就是残害人类的偶像。从前功成万骨枯的将官，如今的甚么甚么，无非都是偶像作用。现在我们还脱离不了偶像崇拜的习惯；许多人似乎都希望有能供多数人利用的偶像之存在，生怕偶像失了效力，便拼命去一重一重地装金，或者一面装点一个偶像，一面高呼打倒偶像，结果把自己造成偶像，这就是"伟大"！

我不过是个伶人，一个很平淡的伶人，就是现在我虽不登台演剧，也不过是一个伶人罢了，我对于演剧自问颇忠实，作一个伶人大约可以无愧，有人说我有相当的学识与普通的伶工有别，这是过去的笑话，难道一个伶工，像我这样一点点浅薄的知识都不要吗？

1922年，欧阳予倩（中排右三）、刘韵秋（一排右一）、应卫云（三排右四）
和上海戏剧协社全体合影

20世纪20年代初，欧阳予倩夫妇（左）与柯一岑夫妇（中）、
汪优游（仲贤）夫妇（右）合影

1923 年，欧阳予倩与上海爱美戏剧界同人合影
一排左起：沈冰血、徐半梅、余上沅、汪仲贤、殳凤梧
二排左起：欧阳予倩、王芳镇、唐越石、唐贺仪昭、应云卫、谷剑尘

1924 年，欧阳予倩饰"读书乐"

1925 年，欧阳予倩夫妇 20 周年
瓷婚纪念照

1925 年，欧阳予倩夫妇瓷婚纪念合影

丹桂第一台

今夜煩演新排著名歷史文武機關好戲

二

本

超等青衣花衫新舊劇文學家

漢劉邦統一滅秦楚

歐陽予倩足疾復發暫緩登台

予倩偶撥足疾 不能登台 終想蘚疥之疾 就會好的 豈
知藝延之下 竟遽假了二旬有加 累的愛觀諸君翹首云衢
盼穿秋水 前日好容易好踐地了 也是本台要緊要慰各
界諸君的欲望 敦促他提早消假 他也俯允了 本台這才
披露他准初二夜登台 敦促他一試腹 覺得還有些疼痛
依然不良於行 萬不得已 只好把假繼繼下去 這回索
性等他好全了 再定登台之期 至於本台延報之過 相應
謂各界諸君原諒

1925 年 7 月 26 日，欧阳予倩、周信芳在上海演出《汉刘邦》时的广告

20 世纪 20 年代，欧阳予倩与京剧界好友
周信芳（右）、高百岁（左）合影

佛不滅情不滅情
不滅佛不滅化身千
萬梅應羣機象生不
度佛不自度佛不以
一切法壞世間法滅象
戒象休云多事
化佛先生囑題
予倩乙丑中秋

1925 年，欧阳予倩为好友钱化佛题字

20 世纪 20 年代，欧阳予倩在上海

1926 年，欧阳予倩（后排左二）与刘韵秋（后排左一）、谷崎润一郎（后排左三）、
田汉（后排左四）、唐槐秋（一排左二）等人合影

1926 年 2 月 12 日（除夕夜），
欧阳予倩书赠谷崎润一郎

1926 年，《民新特刊第一期·玉洁冰清号》上刊登的
欧阳予倩照片

1926 年，欧阳予倩带领民新公司《三年以后》同人在南通拍摄外景后的合影

1926 年，欧阳予倩编导默片《玉洁冰清》，并在其中饰钱维德

1927 年，琼兰社试拍《卖花女》时，欧阳予倩与友人合影。
左起：高百岁、杨文英、周信芳、欧笑风、欧阳予倩、易素、唐槐秋、殷蕴英

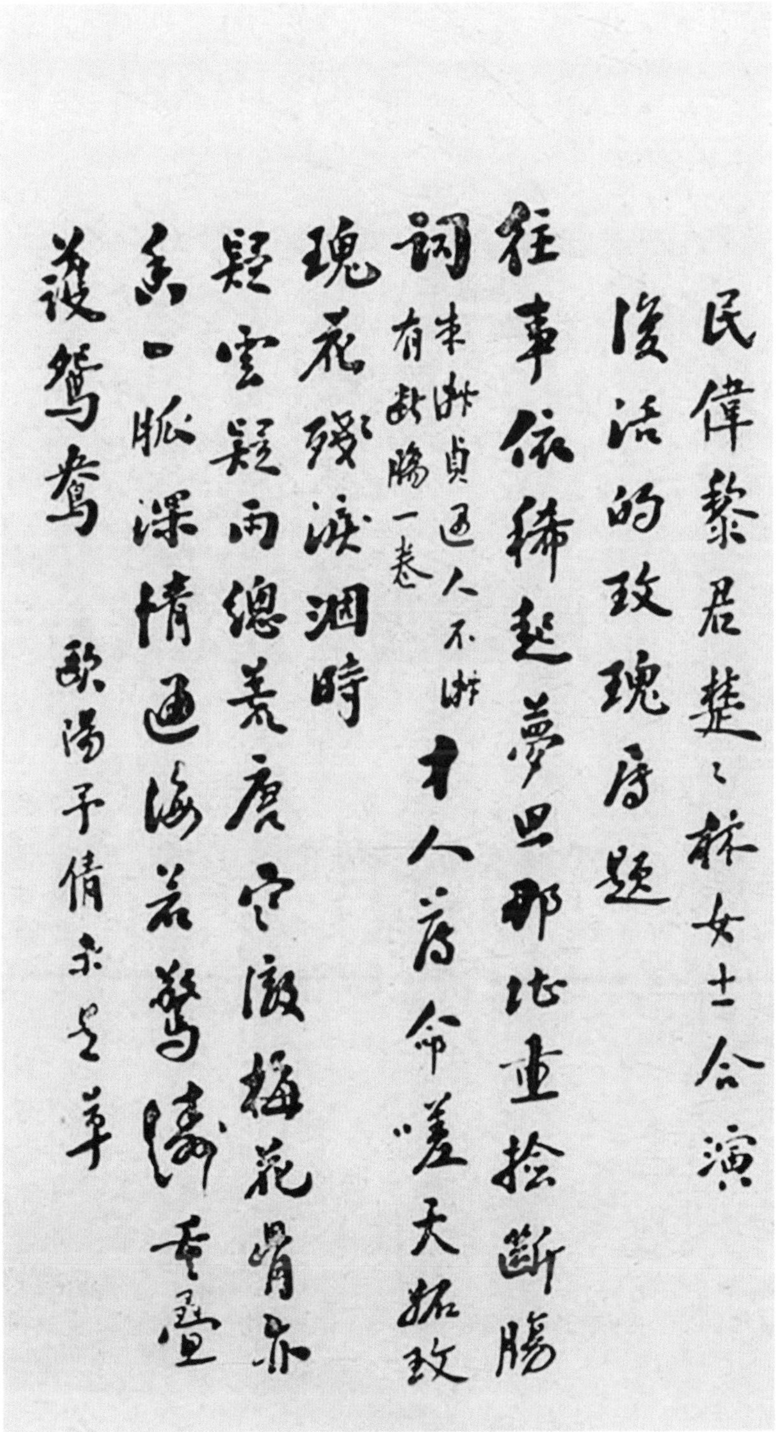
民偉黎君楚之林女士合演
復活的玫瑰屬題
往事依稀趁夢巴那堪重拾斷腸
詞
朱淑貞遇人不淑
有斷腸一卷
才人薄命嗟天妒致
瑰花殘淚涸時
疑雲疑雨總荒唐空徵梅花骨朵
系一脈深情通海若驚濤香疊
護鴛鴦
歐陽予倩未是草

1927 年，欧阳予倩在《民新特刊》上的题词

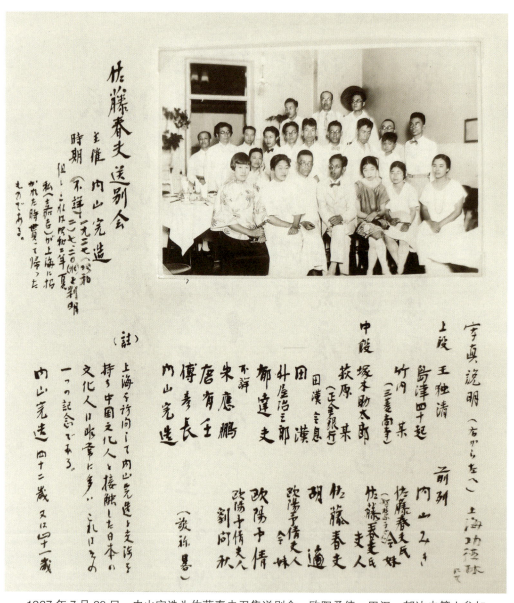

1927 年 7 月 20 日，内山完造为佐藤春夫召集送别会，欧阳予倩、田汉、郁达夫等人参加

1927 年，欧阳予倩访问蒲田摄影所，
前排右起：岛津保次郎、牛原虚彦、欧阳予倩、龙田静技、葛见丈夫

1928 年 9 月 21 日，日本演员市村羽左卫门答谢欧阳予倩等人设宴

1927年，欧阳予倩（右）与周信芳在南国社艺术鱼龙会合演京剧《潘金莲》

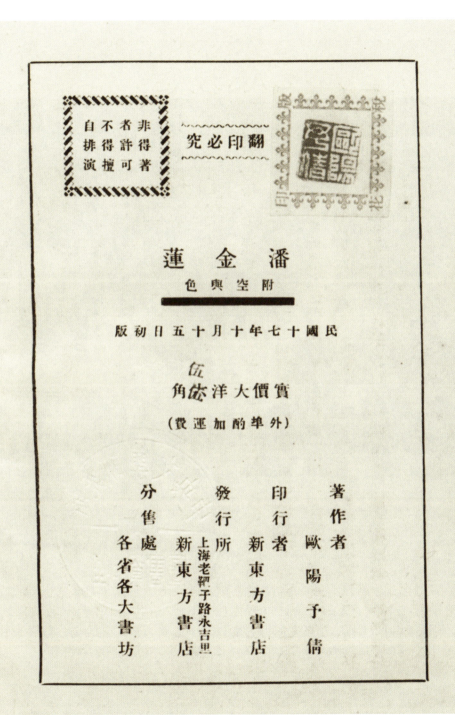

潘金蓮
附空與色

民國十七年十月十五日初版

伍角

實價大洋

（外埠加酌運費）

著作者　歐陽予倩

印行者　新東方書店

發行所　新東方書店　上海老靶子路永吉里

分售處　各省各大書坊

1928 年，欧阳予倩所著《潘金莲》（新东方书店，1928）版权页，上有欧阳予倩藏书章

20 世纪 20 年代，"麒派"与南国社同人在沪合影，欧阳予倩（一排左四），周信芳（三排左一），高百岁（三排右一），
丑角演员韩金奎（三排右四），老生演员陈月楼（三排右五），武净演员陈永奎（四排右一），
谭派老生演员赵培鑫（四排左四），秦腔音乐家荆生彦（四排右四）

回龙桥畔试新声（1929—1931）

1929 年，欧阳予倩在广东戏剧研究所

粤游琐记*

我此番到广东也曾用问答体在广州《民国日报》发表过一篇文字，我仍旧抄录在下面给上海的同志看看吧。其中 A 作为我的朋友，B 作为是我。

A：我听说你在上海正和田汉、洪深他们做戏剧运动，不久就有联合公演，怎么忽然跑到广东来了？

B：我到广东来的话，是在五个月以前就提起的，当时陈真如先生写信给我，叫我来帮助些粤剧改良的事。我因为不明了广东剧界情形未便一口答应，但是我和真如是朋友，很相信他，所以也想来看看。以后接着有两次的通信，事情却还没有决定，可巧他到了上海，彼此相见畅谈了一回。他又介绍我见了李任潮主席，李对我说："广东的民众极有进取的精神，而且凡办一件事，力量容易集中。"我说："好，就随主席去看看情形罢。"这次谈话以后又停了差不多将近六个礼拜这才同船来的。

* 　本文节选自欧阳予倩所作《粤游琐记》(《南国月刊》第 1 期，1929 年)，标点有改动。

A：然则上海的事情怎么样呢？

B：上海就我所知道的，有四个新剧团体。南国剧社田汉在那里主持，戏剧协社有洪深作代表，辛西剧社是朱穰臣他们办的，新月一派徐志摩、余上沅要算中坚分子，这四个团体声气相通，没有隔阂，目下正在积极进行，我想总有相当的成绩，我到了广东如若有办法可以与上海诸同志互为声援，不然我回去还是和他们一起。田汉或者也要到广东来一趟，但是很说不定。

A：据你看在广东有没有办法？

B：广东是革命的策源地，而且得李、陈诸君有力的提倡，当然应当有办法。

A：你以为中国的戏剧运动，还是靠政府的力量去做的好呢，还是纠集几个同志过苦日子的好呢？

B：这是个问题。在这一点田汉和我意见不同。他以为无论如何最好不借重政府。他有他很充足的理由。我呢，以为借重政府，效果或者快些。我们一班同志差不多个个都是穷光旦，卖文不足以维持生活，当当又没有东西。每逢公演，总是一块二块的去凑，凑不齐便延期。衣装、布景一些没有，怎么样呢？若得政府帮忙，多少总好些，像李、陈诸君，他们在军政繁剧的时候，想到艺术的重要，要想在广东立一个戏剧的新基础，这是值得我们佩服，而且不能无所感动，所以我就来了。

A：照你这样说，你对于在广东的戏剧运动是很有把握的？

B：不然，还要办起来看。我才来还没有头绪。不过一个人的梦不必要急切求其实现，越伟大的梦越难实现，总理对于中国对于世界的梦何尝实现。释迦对于人类的梦何尝实现。总理为中国，为世界，我们为戏剧。"麻雀虽小，肝胆俱全。"我们看戏剧正和总理看全人类一样，我们只要走着不停，一时的成功与失败毫不足萦怀，何必要有把握才干呢？

A：你看过广东戏没有？

B：看过。

A：你以为怎么样？

B：我以为有它的好处。

A：好处在那里？

B：简单说，它是通俗的，游戏的，又比较平民的。从前坪内逍遥博士说日本的歌舞伎最好是游戏的精神，我对于广东近来的戏也相当的想说这句话。

A：就没有坏处吗？

B：当然有，第一就是一切太不统一，太不调和，不够个戏剧的组织。至于戏中人格的建筑，性情的描写，与乎内心的素养，那更是谈不到，不过这不能独责备广东戏。

A：上海的本戏和广东的本戏比较如何？

B：上海的本戏在表面上看起来似乎比广东本戏有片段的进步，其实也很不实在，上海的本戏内容形式都和广东本戏不同，但是广东本戏烦琐的场子较少，不演连台戏，这两点我认为比上海本戏好，然而在上海一本戏至少能够连演一个月，所以排练以及衣装、布景上有充分的时间来预备，比较整齐些，也郑重些，可是拿戏剧的眼光来作严格冷静的整个的批评，那就很难说了。在上海、广东两处的旧剧界有一个同样的苦闷，就是：旧的差不多完全破坏了，新的建设丝毫没有，所以我很希望他们虚心忍耐，容受些新的理想。

A：你若是改革广东戏是不拿京二黄作标准？

B：决不然，京二黄和广东戏同出一源，又同处在过渡时代，颇相联络切磋，是应当的，可是谁也不能作谁的标准。而且广东戏已经拿旧的程式规律打破了。我们可以不必再走回头拿旧的程式规律去范围它。只要就目下的情形引导着向进步的路上就得了。

A：然则拿甚么作标准？

B：内容以民众为标准。形式一切以世界戏剧共通的趋势为标准。详细的话一时来不及多说，总而言之，要民众的，中国的，世界的。

A：你这次来到广东，广东的伶界对于你了解不了解？

B：日子还浅，当然不能彻底了解，但是我想渐渐总有相当的认识，因为他们的苦闷，正和我的苦闷一样。

A：戏剧对社会的重要是不用多说的，你既来了赶快有个认识才好。

B：不错，现在已经着手了，但是开场锣鼓总要政府打，我只能约几个朋友作专门的功夫。唉，只是学问太不够，我常常设几个问题自省：对于希腊和欧洲古代戏能彻底了解吗？对于近代的艺术论有甚么主张？对于中国音乐有甚么办法？你常常提起哈格曼，戈登·格雷，莱因哈特的理论和实际，你有能力在中国舞台上应用么？你对于中国音乐有甚么办法？你对于绘画建筑有甚么经验？你整理中国戏，你的《国剧概论》为甚么还没有写出来？凡此种种所不能有满意的答复，实在惭愧。爱我的朋友自然说我走得太慢，社会上有些人，尤其是戏剧界的人，反说我走得太快，无限的悲哀，带到广州来了，借珠江的水洗洗淡罢！

A：本来天才万能，是不容易作到的；而且也可以不必。

B：不然，过渡时代的指导者是应当多方面的，要不能拿各种知识集中，就不能够作一个指导者。

A：也不过就其所知所能努力贡献，一面自己求修养。自己所不知不能，便可借重朋友，或是俟诸异日，再不然问诸来者。老实说艺术的建筑是无穷尽的。

B：谢谢你的指教！

A：我想政府总要给你一个名义。

B：不，我不希望。我不过是一个普通伶人，便拿伶人的资格和伶界同人说话。同时集合伶界同志养成新演员，站立在社会民众面前说话。我是个平民的艺术研究者，并不要带上特别的色彩，以自外于民众，以自取隔阂。

A：但是这个事是由政府办的，自然是要拿政府作后盾。

B：不错，要知道我们的政府是拿民众作后盾，所以我们也是拿民众作后盾。尤其戏剧家的对象是民众。从前私家养歌僮时代，戏剧不过是贵族阶级的娱乐。民国以来，北平的政治都是前清遗老作背景，所以北平的伶人都在遗老军阀卵翼之下。试看他们的戏那一出不是专配遗老准遗老一类的味口的？上海是完全为买办流氓所支配，所以上海的戏剧，都是迎合低劣趣味，带着流氓道德和资本主义的色彩。北平戏剧，多半是玩物的戏剧，上海的戏剧，多半是卑俗的戏剧。这不能全怪伶人，这是社会不良的影响。我很希望广东不蹈这种覆辙。我想广东决不会，可是香港便很难说。这回畹华在香港演戏，港督去看戏，园主便叫后台立刻跳个加官，加官条上大书"大英国皇帝万岁"。即此一端，多么可怕呵！我希望我们伶界的同人，大大的觉悟，脱除一切的羁绊枷锁，整饬自己的人格，要漂漂亮亮站在民众的面前才有办法，才有希望呢。

A：诚然诚然！可是刚才所说的都是关于歌剧的话，你看广东的怎么？

B：歌剧话剧无论那一国都是并重的。我对于话剧也有些议论发表过，至于广东的话剧运动，从来怎么样不甚知道，我很希望有个小剧场，集合些青年，将非介绍不可的欧洲近代剧列个表，设法顺着次序表演一下，一面演些中国的创作，这都是后话。将来必定要办戏杂志，拿种种问题彻底的讨论一下，改天再谈罢，且看大体的计划怎么决定再说。

戲劇研究會主要之人物

本報攝　△邵知歸　□殷工上　○歐陽予倩　乂唐槐秋

1929 年 2 月 1 日，《民国日报》（广州）上刊登的戏剧研究所主要人物合影

廣東省立戲劇研究所附設廣東演劇學校招考

本所奉省政府指令附設演劇學校以養成學藝兼優努力服務社會教育之演員建設適合時代爲民衆之戲劇爲宗旨暫定正科學額五十名　四十名專習演劇十名專習音樂、特別班學額五十名均係男女兼收茲定于二月二十五日起開始報名二月六七兩日在本所舉行入學試驗凡有志入學者可隨帶四寸半身相片兩張至廣州市南關迴龍上街十二號本校報名校章函紫即寄此啓

廣東戲劇研究所所長　歐陽予倩
附設戲劇學校校長　洪深

中央政治會議廣州分會月報　第十三期　計劃　一四

廣東戲劇研究所設計概畧

李濟深

一，本所之事業

A 整理國劇

理由——欲求國劇有新生命，宜將舊劇加以整理。

辦法——搜羅各種劇本，加以甄別，或改編，或改其演法。

B 介紹歐洲戲劇

理由——欲求國劇之世界化，必充量介紹歐洲戲劇，以資攻錯。

辦法——就歐洲戲劇中，取其各界之代表作品譯演之，其初步不妨從事於改譯，改譯之事，論者以爲不澈底，求便觀衆之欣賞，亦非得已耳。

C 創制新歌劇

理由——中國舊劇之內容形式音樂，皆漸成過去，非有創製，不足以應新時代之需求，終必落伍。

辦法——編新劇本調和舞台光色，製新音樂，以堅決的態度，行不斷的試驗。

D 組織模範劇場

理由——有適用之舞台，方能有完美之戲劇，故亟宜建築新劇場，以資模範。

辦法——1 劇場定名爲廣大劇場。

李济深所作《广东戏剧研究所设计概略》

1929 年 2 月 25 日，广东省立戏剧研究所附设广东演剧学校招考启事

1929 年 3 月 9 日,《民国日报》(广州) 上刊登的南国社全体社员合影

1929 年，欧阳予倩夫妇和女儿欧阳敬如在广东

1929 年，欧阳予倩主编的《戏剧》第 1 卷第 1 期

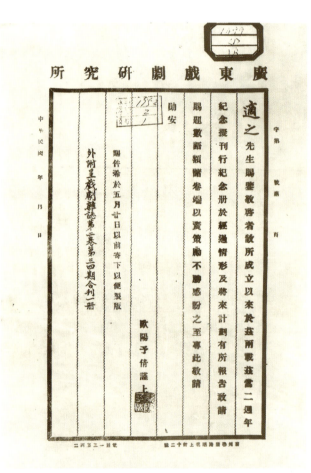

欧阳予倩致信胡适，云广东戏剧研究所拟刊行成立
二周年纪念册，请胡适赐题数语

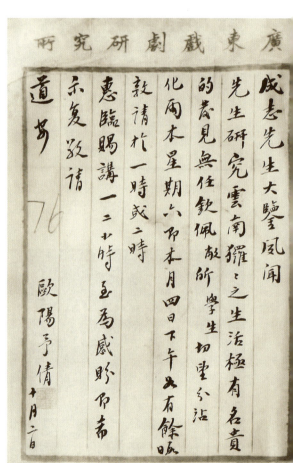

欧阳予倩致信杨成志，邀请其为戏剧研究所上课

广东戏剧研究所附设广东演剧学校第二次公演时全体教职员工合影

欧阳予倩在广东戏剧研究所时期所写的
《予倩论剧》（广东戏剧研究所，1931）

欧阳予倩在广东戏剧研究所时期所写的
《自我演戏以来》（上海神州国光出版社，1933），
封面设计钱君匋

风檐茹恨写新歌（1932—1937）

20 世纪 30 年代初，欧阳予倩（中）与田汉（左一）、袁牧之（左二）、
陈润泉（右一）、应云卫（右二）摄于上海

参加苏联第一届戏剧节[*]

1933 年 6 月，苏联第一届的戏剧节，中国的戏剧工作者，就是我一个人以私人的资格参加。当时的日记和许多纪念品，都存放在香港的一个箱子里，听说敌人攻陷香港的时候，那个朋友的家，遭遇好几次的抢劫，必定是全部散失了。我早想把我所看见的苏联戏剧，比较详审地叙述一番，不料人事变迁，一直到今天，才只靠回忆来描出那一届节日的轮廓，而苏联的戏剧业已跨过了好几层阶段了！

从巴黎到柏林转车，同车厢的有几个德国人，想来一定是纳粹党徒，有一个问我到哪里去，我说到俄国去。他问我去干什么，我说去看戏，于是他很轻蔑地笑起来，他的同伴也跟着他鼻子里微微的哼一哼。他说："布尔什维克的戏有什么好看？一群叫花子在台上打架！"另外一个说："研究戏剧只有在德国，德国的戏剧也和德国的科学、哲学一样，是世界上最高的成就。"

---

* 本文节选自 1945 年 6 月欧阳予倩在《广西日报·昭平版》上连载的《怀旧录》(《欧阳予倩全集》第四卷，上海文艺出版社，1990)，标点有改动。

于是他举出许多德国戏剧作家的名字，问我知道不知道，我便举出几本那些作家的代表作品，表示我曾经涉猎过。他马上高兴起来。他说："回来在柏林住几天，看看德国的戏，会叫你惊奇的。"谈话中，我曾经提起德国的名导演莱茵哈特①，他们说：那不过是一个毫无足取的犹太人。我从莫斯科回到巴黎不久，就听说莱茵哈特也被驱逐了！

因为要赶到莫斯科去参加戏剧节，在列宁格勒只住了三晚，三晚便看了三个戏。白天参观各处，晚上看戏，每一样都是聚精会神去应付，一连三天，便觉得疲倦得很。加之，那里的夏天，太阳下得很迟，出得很早，晚上和白天几乎没有什么分别。人们在晚上，似乎精神特别好，市面在下午十时以后热闹起来，旅馆中的晚会，有种种表演，直到次晨一二点钟才罢。我从剧场回去，勉强参加一半，无论有什么精彩节目，也只好辜负了。

这一次的戏剧节，各国参加的人颇多，我所知道的只有美国人雪勒，一个青白瘦长的人，他写过好几本介绍苏联戏剧和莫斯科艺术剧院的书，英国的玛丽赛登女士，她常在 *The Siage Art* 写文章，是一个年轻漂亮的小姐，熊式一先生介绍我认识的，其余的如西班牙、芬兰、法国的几个导演，因为没有人介绍，又不住在一个旅馆里，见面只点点头，随便寒暄两句。

在莫斯科第一晚看的是凯麦尼戏院，泰伊洛夫导演的一个法国戏。这个

---

① 莱茵哈特（1873—1943），现多译为莱因哈特，奥地利导演、演员、剧院领导人。1894 年起在德国从事戏剧活动，曾担任柏林德意志剧院经理，一生大部分时间都在德国开展戏剧事业。1933 年被迫离开德国。

戏是过去法国一个通俗作家斯克利伯（Scribe）[①]的作品，我为了看这个戏，曾经在图书馆去读过英文译本，可是戏名我现在忘了。斯克利伯编的戏，舞台效果素来很好，所以他在当时颇为轰动，但是法国人不承认他的作品有文学的价值，凯麦尼剧院是以演王尔德的《莎乐美》著名的。泰伊洛夫颇欢喜导演外国作品，他是属于唯美派的，他反对艺术剧院那样的写实主义。我没有看过他所导演的《莎乐美》，这一次除了斯克利伯这个戏之外，还看过三个戏——一个是喜歌剧《接罗符里、接罗符拉》；一个是《意大利的艺术》，也是喜剧；另外一个是美国左翼女作家写的《机械》。这几个戏，如果要仔细介绍，一定占很大的篇幅，而且过于专门，在《怀旧录》里是不相宜的，我只举出一二点来说明我所得的印象。

泰伊洛夫所追求的是美的谐和。他的戏，每一个场面，不管是平面的或是立体的，总是非常美丽而富于刺激性的画面——图案式的画面。台词是朗诵式的——他所独创的方式——音乐的。动作是舞蹈式的。他把动作、台词、表情，和色彩、光影、音乐等等，作一个整个的打算，有机的配合起来，造成一个一个美丽的场面，使观众一看，就受到强烈的刺激、深刻的印象。依我看，他是相当做到了的。

戏剧节的第一天晚上，他拿出人们差不多早已忘了、戏剧界也拿来束之高阁的斯克利伯的戏来给各国人士看，他的确表现了他导演的才能，在开幕前，他有一段简短的致词，他说："人家以为苏联的舞台，只有一种方式，

---

① 通译斯克里布。——原注

其实是有各种派别，譬如莫斯科艺术剧院和凯麦尼剧院，就显然是两个完全不同的派别……"他又在后台准备些茶点，招待大家去谈了一会，他的经理罗宾斯坦，对于其他的演出派别，从说话中表示着轻蔑——有人提起莫斯科艺术剧院，他说："那不过是单调的写实主义……"

泰伊洛夫不大讲话，他觉得中国的戏剧工作者能参加甚为难得，就在一张节目单上写了一句"不要忘了莫斯科"，送给我。旁边有人说起，那年的五一劳动节，有些中国工人从海参崴到莫斯科表演新编的中国旧戏，剧中的中国兵和日本兵在台上打全武行，真刀真枪，他们觉得奇怪，问我近代战争是不是可以用那样的方法表演，我也不好怎样回答，只说："这是用旧形式表现新事物的限制。"

莫斯科艺术剧院的戏，我看过《死魂灵》《樱桃园》《粮食》《装甲列车》《恐怖》。其中《装甲列车》《死魂灵》《樱桃园》三个是在戏剧节的时候看的，《粮食》和《恐怖》是以后看的。此外我还看过他们在排演中的《费加罗的结婚》（法国朋马雪[①]作）和改编过的莫里哀作的《伪君子》。本想等着看高尔基的《夜店》，因重演延期，没法久候，只好算了。

我看了艺术剧院的戏，觉得写实主义的演出，可说是达到最高峰了——演员在台上并不像在演戏，而无处不是在演戏，整个的不像戏，而无处不是戏。演员并不是在描写或再现剧中人的生活，他们就是剧中人在舞台上生活着。

———

① 通译博马舍。——原注

有一天艺术剧院招待外国的宾客，我们参观了剧场、舞台和资料室等。时间太匆忙，没有详细看完。开了一个茶会，斯坦尼斯拉夫斯基生病没有出席，由柴霍夫的太太代表说了几句话。大家都很高兴，其中西班牙和法国的两个导演，他们因为想从写实主义进一步寻找新路，他们出门的时候，主张到凯末尼剧院去看泰伊洛夫的演出。

写实主义的演出到达了艺术剧院那样的高峰，必然会有转变。新形式的要求便会很自然地被人提出，梅野荷德[①]、瓦夫坦戈夫[②]等的演出都各有其理论的根据。

第一届戏剧节，梅野荷德因在南俄公演，曾经渡过黑海，赶到奥德萨。只看到一个戏，看不出什么道理。我第二次到莫斯科才多看了他几个戏，如《森林》《密斯脱罗宾逊》等戏，便看出他独特的风格，他的所谓机械动力，所谓条件主义，和他运用构成主义的方法，都大体接触到。有个玛丽剧场，专演奥斯脱洛夫斯基[③]的作品，门前塑着一个奥斯脱洛夫斯基的像。《森林》也是玛丽剧场保留节目之一。在玛丽剧场，还保持着传统的演出方式，表演很不错，我去看过好几个戏。其中也有比较新的演出，看得出逐渐在改革之中。一般人叫他们的戏为旧戏，可是观众颇为欢迎，名角出台，观众高呼，有些人把花抛上台去，这大约还保持旧时的习惯，在别的剧场不会看见的。如果和梅野荷德导演的《森林》比一比，那就会感觉可惊的距离。

---

① 通译梅耶荷德。——原注
② 通译瓦哈坦戈夫。——原注
③ 通译奥斯特洛夫斯基。——原注

　　梅野荷德对奥斯脱洛夫斯基的作品，加以新的解释，自不用说，《森林》成为讽刺性极强的喜剧。布景是构成派的；台上设流线型的斜坡，可以当厅、当山、当路。坡下的空地可以当厅、当房、当花园。变换装置和道具的时候并不下幕，观众可以看见工作人员走来走去。有时幕前放下字幕，说明剧情。这些在中国人看来，都不足怪，不过他的手法并非固定，照戏的性质常有新的处理。在《森林》这戏当中感觉到最特出的就是演员的动作、台词、化妆，无一不夸张到极度。老太婆的头发是红的，她的"面首"，一个二十来岁的青年，头发是绿的，走的是台步，念的是上韵的白，还有许多令人惊异的手法。如果在中国舞台上出现，不知会遭到怎样的攻击，但是在他，每一种措施都有特殊的意义。他从原始的舞蹈和祭典，想到应用单纯的、象征的、有力的动作，直接传达意念，激发观众的情绪。尽管他如今为着形式主义和个人主义遭着批判，他的理论和机械动力的表演方法，风格化的舞台，大胆而有力的手法，的确不是写实主义体系所能包括，我们应当深切研究的。

1930年8月6日在上海功德林举办的文艺漫谈会。前排左起：田汉、郁达夫、鲁迅、欧阳予倩、山崎百治、神田喜一郎、泽村幸夫；

后排左起：石井政吉、郑伯奇、升屋治三郎；后排右起：内山完造、十岛洋一郎、岛津四十起、塚本助太郎

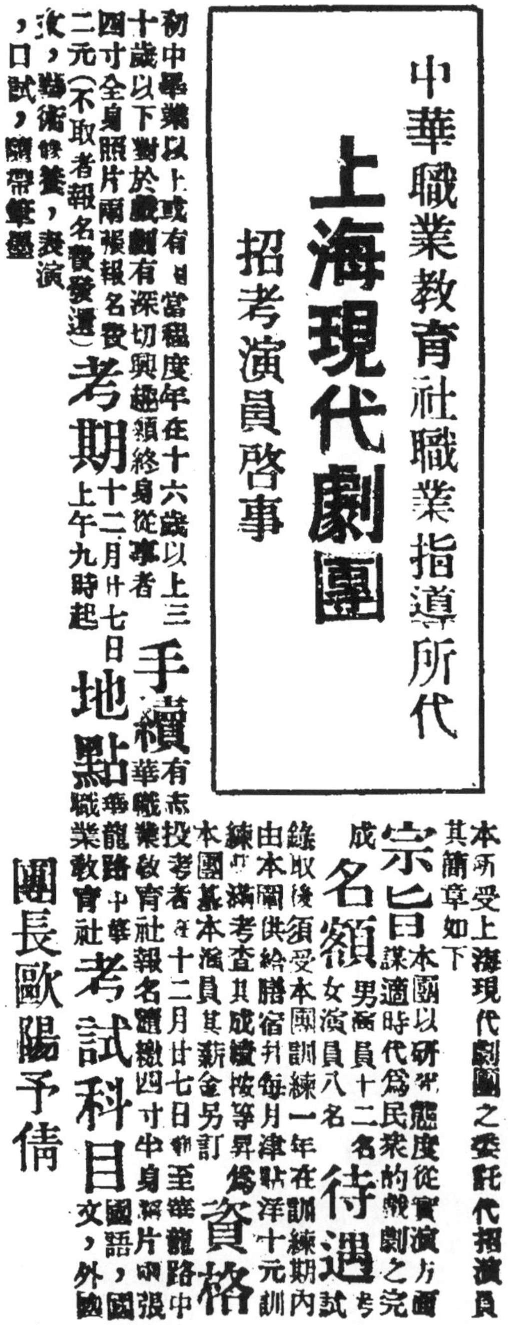

中華職業教育社職業指導所代

上海現代劇團

招考演員啓事

本所受上海現代劇團之委託代招演員其簡章如下

宗旨 本團以研究態度從實演方面謀適時代爲民衆的戲劇之完成

名額 男演員十二名 女演員八名

待遇 考試錄取後須受本團訓練一年在訓練期內由本團供給膳宿并每月津貼洋十元訓練期滿考查其成績按等昇爲本團基本演員其薪金另訂

資格 初中畢業以上或有相當程度年在十六歲以上三十歲以下對於戲劇有深切興趣願終身從事者

手續 有志投考者在十二月廿七日前至華龍路中華職業教育社報名繳四寸半身照片兩張四寸全身照片兩張報名費二元(不取者報名費發還)

考期 十二月廿七日上午九時起

地點 華龍路中華職業教育社

考試科目 國語，國文，外國語，藝術修養，表演，口試，隨帶筆墨

團長歐陽予倩

1931 年 12 月，欧阳予倩主持的上海现代剧团招考演员的启事

1932年，欧阳予倩（骑骆驼者最右）及友人在埃及

1932年，欧阳予倩（中）与友人在法国

1932 年，欧阳予倩在意大利威尼斯

福建事变的主要发起者，左上陈铭枢，右上蒋光鼐，左下蔡廷锴，右下戴戟

1934年，欧阳予倩（左立者）与王莹（右立者）在日本参加秋田雨雀（右一）
组织召开的座谈会

1934年，欧阳予倩在日本与王莹（右）、村松梢风（中）等聚会

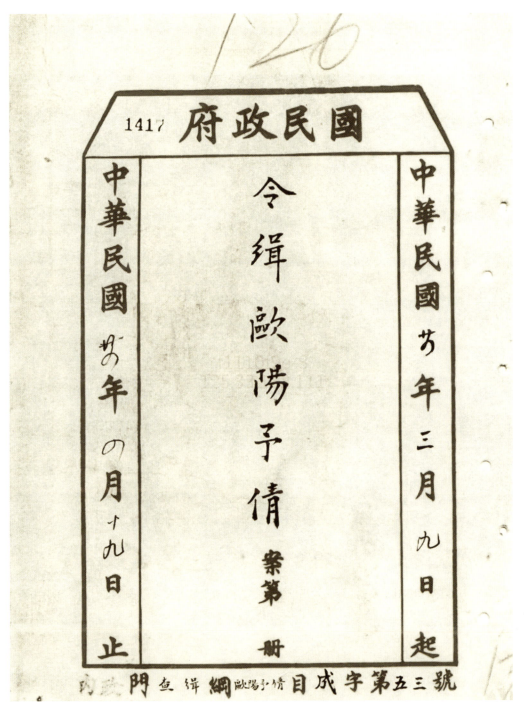

1935 年，国民政府调查欧阳予倩因参加"福建事变"被通缉的案宗

1935 年，明星公司重建编剧科，聘请欧阳予倩（左二）、黄天始（左一）、刘呐鸥（右二）为编剧，
刘呐鸥右为编剧科书记卢敦

1935 年，欧阳予倩与胡萍合影

1935 年，欧阳予倩与《油漆未干》的男主角
冒舒湮合影

1935 年 3 月 15 日，《申报》上刊登的欧阳予倩导演
《油漆未干》的广告

1935 年，欧阳予倩与戏剧界友人在南京合影
前排左起：白杨、欧阳予倩、俞珊
后排左起：马彦祥、洪深、余上沅、唐槐秋、张道藩、应云卫、田汉

1936年初，欧阳予倩为上海复旦剧社导演曹禺编剧的《雷雨》的广告

1936 年 10 月 19 日，欧阳予倩
带队拍摄《鲁迅先生逝世新闻》

1937 年，欧阳予倩执导曹禺编剧的《日出》剧照

1937年1月，欧阳予倩在上海业余剧人第三次公演时与戏剧同人一同签名

1937 年，欧阳予倩（一排左一）与戏剧界友人在上海合影，郁风（一排左二）、
金素琴（一排左四）、金素雯（一排左五）、于伶（一排右一）、田汉（一排右二）、
殷扬（二排左三）、周信芳（二排左五）、曾焕堂（二排左六）、高百岁（二排左七）、
田洪（二排左八）、吕君樵（二排左九）、辛汉文（三排左一）

改革旧戏，孤岛救亡*

在上海，从事话剧运动的人，大半都在电影公司任事，我也是其中的一个。"八一三"的炮声响了，电影公司全部停顿，一帮编剧、导演和演员们便都忙着开会，写短文，拟办法，组织群众和慰劳、救护，以及募捐等类的事。艺人们抛却自己的本行，要想从各方面贡献他们的才力与躯命，我也跟随着众人，作一些指定的工作。

电影界协会比戏剧界协会成立得早一点。在开战之前已经集会过好多次。当时的确经过不少恐吓和拆台的威胁，而大家情绪高张，大有不顾一切之概。及至战事开始，各公司的机器和胶片全部封存起来。摄影场也只有新华二厂不在战区，拍片子已不可能。当时未尝没有人主张拍些短片带到内地演映，但因种种的限制，而战事的变化又进展得很快，结果没有作成。尽管社会人士对电影界颇多责难，事实上也的确困难很多，一愁莫展；就是新闻

---

* 本文节选自欧阳予倩所作《后台人语　二》(《文学创作》第 1 卷第 4 期，1943 年)，标题为编写者所拟，标点有改动。

片也没有法子拍。

本来电影演员大半兼演话剧，电影既干不来，就只好专门演戏。当戏剧界协会正式成立的那一天，演剧队第一、二、三、四、五队早已组织好了。他们从朋友亲戚处分途捐了少数的旅费，冒着轰炸的危险走向前线，离开繁华的都市走向内地，走到乡村，走向辽远的边区。中国的话剧运动从此便超速度的展开了。有些留在上海的剧人，便也组织了几个队，他们和歌咏团、宣传队配合起来，到难民收容所、伤兵医院等处巡回表演；或者跟着战地服务团到离火线不远的地方，演给休息中的兵士们看。及至大场、闸北和南市相继失陷，他们的工作只好收束。那时候租界工部局的态度完全变了，极少数人的集会都受干涉，任何有宣传意味的戏不能演出，他们有一个时期便秘密演给少数人看。当时我写的《青纱帐里》和《曙光》就是秘密演出的。以后觉得这种作法不能持久，便又极力设法争取公开，这种艰苦奋斗的记录，最好是由身历其境的于伶、阿英、仲彝、健吾诸兄整理出来。

"八一三"以前，那一年之中，上海的话剧公演可谓盛极一时，自从唐槐秋所领导的中国旅行剧团上演成功，上海业余剧团相继职业化，活跃于卡尔登戏院。话剧的观众日有增加，证明当时话剧已经获得相当的社会基础。不过那时的戏，因种种限制，除了消极地处理些社会问题以外，并不能有十分积极的表现。当时我们的国策还在极力忍耐、加紧准备的时候，所以一切都很谨慎，而租界当局，对敌人素主妥协，所以无论是电影也好，戏也好，要经过教育局和租界工部局两重的检查方能上演；每一重检查又有两三次的手续，如先审故事，再看剧本，然后还要预演一次。预演的时候，除工部局所派的一个洋人、一个翻译之外，不许多一个人看。每次为了上演一个剧本总要几经周折，及至"七七"事变发生，情形便格外紧了。可是当时大家不仅未丝毫气馁，反而增加了奋斗的情绪，只盼望用炮火来打开沉闷。不久，《保卫芦沟桥》居然在上海城内上演了，闸北的烽火也就接着燃烧起来！

《保卫芦沟桥》上演的那一天，战事已迫在眉睫。已经有些胆小的不敢到城里去。城里的居民颇呈不安之象，有的人忙着搬家，也有人躲在家里不敢出门；马路上的人都好像惴惴然有戒心：既怕敌人的便衣队乘机捣乱，又怕城里和租界间交通断绝。可是一班戏剧工作者兴奋到不好怎么说。《保卫芦沟桥》顺利演出，我所见的联合公演，可以说明这一次为最整齐。我陪着郭沫若先生到了后台，看见一班青年朋友热情洋溢，而台下的观众也激昂奋发，好像整间房屋都要爆炸的样子，我感动得几乎流下泪来。

大炮一响，所有的戏馆和电影院一律自动停业。这是当然的事，当那种时候，开了也绝对没有观众。可是戏剧界协会第一次在卡尔登戏院开成立大会的时候，座中有人说是戏剧在战时没有用处。经过一度激烈的辩论，那戏剧无用论者失败了，演剧队接着就有几队出发。

第三次开会，便动员了旧戏界的朋友。周信芳、高伯绥、金素琴、金素雯、张翼鹏等许多人相继加入。但旧剧界始终没有组织成一个演剧宣传队。

上海的旧剧伶工原有一个组织叫作"上海伶界联合会"。这个会最初曾经对革命有些贡献。从民国初年到民国七八年归新舞台夏月珊弟兄主持的时候办得很好。夏月珊、夏月润这两位老弟兄到了晚年不愿意多管事，会务不免渐渐现出消沉之象。及至夏氏老弟兄相继作古，这个会便为极少数有特殊势力的剧场老板控制，以致毫无生气。后来完全成了"老板"的附庸，会章也好，决议案也好，完全要取得老板的同意作最后的决定。其中未尝没有几个有思想和工作热忱想为同业多少谋点利益的理事，却被加以某种帽子而使之自动退去，再换上"老板"的亲信。

战事起后一个多月，这个会曾经召集过一次谈话，把我也约了去。那时候的会长是一个姓陈的武行头。他因为停业太久，发起播音筹款救济难民，从所得的捐项中抽提若干，发点米给贫苦的同业，他主张不用伶界联合会的名义，另外以救济难民的名义组织一个临时的机构。因为伶联会的会址和会产都在租界以外，他怕一旦敌人占了上海向唱戏的找麻烦，所以预留地步。这也不去管他，谁知到了一部分旧剧演员加入戏剧界协会，他竟大为反对，极力从事破坏，他以敌对的态度攻击周信芳，以致旧戏同志加入了协会一点事情没有做就惹了无数口舌。

为了播音召集过两三次会，我到过一次，就在那里认识了金素琴。当时听到那陈会长和他两个部下的三言两语，似乎这位金小姐是个不甚可理喻的骄傲人物。开会的第二天早上，她跟我的一个学生葛次江到我家里来，彼此经过一度谈话，才知道她颇有志趣，就是她的妹妹素雯也甚富于热情而能力学，她们求知之切，事业心之重使我出乎意料。我把我改革旧戏的意见对她们解释一番，她们很满意的表示全部接受。我提议组织剧团，她非常高兴。可是我们都不仅没有资本，想先垫出一点钱来开办都颇为难，只好不管三七二十一边做边像［想］。结果剧团居然成功了，就取名叫"中华戏团"。①

———

① 　应为中华剧团，上海京剧演出团体，1937 年底由欧阳予倩组建。

有一班热心的青年演员无条件参加，我就用七天工夫赶写了一个《梁红玉》，排了五次，花了不过四五百块钱，就匆匆忙忙把这个戏在卡尔登上演了。

那时候情势已经很紧张，大场有撤退的消息，南市异常吃紧。《梁红玉》脱稿的那天早上，飞机上的机关枪子有好几颗打在对门人家的门上，炮弹从屋顶飞过，弄堂里有许多人家都搬走了。我当时随意写了四首绝句：

无际忧烦不可言，四围荆棘一痕天。

羊肠应是康庄始，手把耰锄辟径前。

正义妖氛互荡磨，风檐茹恨写新歌。

无边弹雨摧城郭，心血何如战血多。

南渡偏安宋已微，当时和战两依违。

高歌不掬前朝泪，赖有长戈对日挥。

非关闲放说兴亡，惩往思来见短长。

不听斯民齐奋起，英雄何以靖螗螳。

《梁红玉》上演，当那样的时候，观众自然不会很多，但评判颇好。原来为的是宣传，在其他方面也就没有作甚么估计，郭沫若先生看完戏，即席成一绝句，写成条幅送给素琴，那首诗我很欢喜。诗云：

昔有梁红玉，今看金素琴。

千秋同敌忾，一样感人心。

《梁红玉》的演出，可算是我改革旧戏的方案确定后第一次的实地试验。这一次的试验虽还不能十分满意，却也有相当的收获：一、证明了我的方案绝对可行；二、旧戏界的朋友颇认为是一种新的刺激，（有）追效之意；三、坚定了我自己的信念，使我考虑到进一步的问题。可是当时中伤嘲笑的也大有人在，这是题中应有之义，不足道也。

《梁红玉》演出了，接着就上演了《渔夫恨》，就是用《讨渔税》——一名《庆顶珠》——改编的。当时上海还正在我军撤退、十分恐怖之中，所以许多戏院都没有复业。我们是因为借作宣传，所以冒险演出了《梁红玉》。演出之后，许多青年演员都十分兴奋，要求参加中华戏团。谁知《梁红玉》上演还没有几天，南市继大场失守，租界便被包围而成孤岛形势。租界的当局，在我军未退之先对我们很客气，我军一退，面目就变了。一面压迫文化界救亡协会的活动，同时对于所有的爱国团体逐步施行取缔。《梁红玉》这个戏也被注意，以劝告的方式勒令停演。我们没有办法，只好一面疏通，一面赶排《渔夫恨》。本来租界对旧戏不很注意，因为《梁红玉》的原故，旧戏也要把剧本送到工部局去审查，因此《渔夫恨》也费了相当的周折才得上演。《梁红玉》上演那一天，正是租界附近炮火最密的时候；《渔夫恨》上演，便是抢米风潮发生的那一晚。那晚文化界的朋友和旧戏界的同行，票界朋友来得很多，颇得到一致的赞美。第二晚，郭沫若先生来看戏，恰好戏演到一半就中止了。金素琴那晚异常卖力，演到被迫离家一场，前后台的人都含着眼泪，静得一点声息没有——后台的人在幕后看戏一同流泪不止，我还是第一次见过。素琴动了真感情，因为连日疲劳，加之兴奋过度，演完别家一场，就晕倒在台上。许多朋友陪着郭先生到后台看她，她还没有醒。当晚郭先生就写了一首诗送她，我已不能记忆，可是从那天晚上和郭先生分别之后，一直到如今还没有见过面。还有一个笑话，就是当时卡尔登的经理等因为怕受牵连，大不欢迎文化人，一见沫若、阿英在座就赶紧避开。

素琴真是个好演员，扮相、身材、唱工、做工、对于剧本的了解力都够。最难得的是她的向上心。她对于上海所演的那些连台本戏极为不满，而又找不出一条正当的出路，所以和我一谈她就十分高兴，认为我所说的正合她的意思。最初她不过是想我替她编两个戏，她说："您有工夫的话，请您跟我编两本戏。您要忙，就把大意写出来，分分场子也就得了。……万一您离开上海，请您把本子寄给我，让我自己出主意排排也成。"

我跟她排过《梁红玉》，她就知道了编剧和导演的任务是怎么一回事。原来旧戏无所谓导演。排戏也不过是走走场子，安点儿所谓"顽意儿"罢了，就从来没有所谓整个的计划；也没有完整的概念与企图。等到《渔夫恨》上演之后，素琴和她那聪明伶俐的妹妹素雯都很了解文艺作品和商业剧场的"本戏"大不相同。有一天，素琴对我说："您的戏非您排不可。您要是走了，就有剧本也是枉然！"素雯说："我们一个人拉住您一个手，不让您离开。"素琴便叹了一口气道："可惜认识欧阳先生太迟了！"我便有两首七绝写给素琴：

刚健婀娜并有之，况兼才艺启人思。

同舟莫恨相逢晚，暴雨狂风竞渡时。

情怀如水欲无波，为听君歌唤奈何！

自古才人皆有恨，如君如我恨谁多？

《渔夫恨》总算居然演出了！我很高兴，尽管经过许多的麻烦，尝试居然有些收获。可是老板们御用的联合会的主持者暗中猜忌，反感颇深。他们极力阻挠青年有志者参加我们的团体，他们一面极力找寻这两个戏的弱点肆行攻击；一面又去鼓动那些智识不甚充分、条理不甚清楚的伶工们，说是："他们那种洋玩意儿干出了头，我们就没饭了。"同时还用些卑劣手段间接从事破坏，中华戏团因为没有本钱，全靠一班热情的伶工们集体支持，事实上困难其多。演过《渔夫恨》就停顿了。没有本钱是最大的弱点。卡尔登戏院也被周信芳长期租去了，我们便没有了地盘；还有一层就是新编的剧本太少，青黄不接，而角色又不齐，开不出旧戏。——武戏武行不够，生角戏唱工太软，单靠一个旦角，无论怎样好，也叫单丝不成线。牡丹虽好，还要绿叶儿扶持呢。

当时上海各舞台都想罗致素琴，但是她坚决不肯应聘。她已经深深懂得戏剧是甚么，又有工作的热忱，她极力要表示她的高洁。当时旧戏舞台所用以号召的玩大蟒、戏鲤鱼、生吃乌龟之类，她当然绝对办不到。卖大腿，跳四脱舞，装神弄鬼她又绝对不干。有人说她是好虚名，然而她实在能够宁肯赋闲在家，不肯为了重聘将就搭一个班子，就是好虚名也很难得。——所谓"四脱舞"，是一个新造的名词。照广告上登出来的解释说的是："先脱衬衫，后脱兜肚，三脱这个，四脱那个……"诸如此类，千奇百怪的色情引诱，在上海成为孤岛以后，较之战前变本加厉，而她居然能够自己撑持，至少她相当尊重她的艺术信仰。有人说她是上了我的当，中了我的毒，其实不尽然。有好几个叫我老师的如今都堕落了！

过了一向，《梁红玉》经过疏通，又在新光影戏院重演过一次。我又为她解编了《玉堂春》，大受欢迎。新光演完又停了一个时期，就到了更新舞台（三星舞台改的）。那时更新的老板弄得不得下地，就把戏馆和班底让给素琴，要她当老板，我反对她当老板，结果她还是有条件的答应了。我赶着为她编了《桃花扇》。我很不喜欢像侯方域那样只会发发牢骚而不切实际的、外强中馁的智识分子；尤其讨厌象杨文聪那样只求两不得罪、委蛇取容的风流名士。我把一腔的憎恨与愤怒寄托在这个戏里。上演的时候，的确引动了观众许多的热泪。

但是这个戏，在更新舞台的确演得不好：一班不甚听话的新演员；一套红红绿绿东拼西凑的布景；辞句还没有念熟就搬上了台，实在难过。就是《玉堂春》也被配角弄得七零八落。素琴姊妹都很不高兴，然而无法组织一个比较完整的团体，将就人家的班底真是一筹莫展。

《桃花扇》本来没有通过，工部局的中国职员有不少热心爱国之士，经他们极力帮忙，总算马马虎虎演出了。上演的第二天，我正走出后台，就有一个人送张纸条给我，约我第二天会面。条子上说有严重的事与我有关，约我次日谈话。我一看署名彭寿，就立刻想起在我对门住过的那个带［戴］金项链、坐汽车、办莫明［名］其妙的怪杂志《文友》的那位先生。我素来怀疑他，以后他搬到不知那里去了，许久不见。忽然接了他的条子，我心里一惊，当时照他所留的电话号码打了个电话给他。他说没有甚么事，约第二天一早在一间俄国菜馆楼上谈话。我立刻把这事告诉了几个朋友。到了第二天，他们就坐在楼下，我便上楼和那人见面，他居然在等着我。

他一见就说："昨晚看了你的戏，了不得，了不得，工作真做得好！"我摸不着头脑，只好静静的不答话。于是他自己介绍，说他是中央的特务。他说他最近到过汉口。我问他内地情形如何，他很兴奋的样子，举出许多例，证明抗战必胜。结果他说他是中央派他在上海保护文化界的同志的。他称赞我的工作做得好，不过以为要在某种掩护之下进行。我问他怎样掩护，他就说最好和日本人新设的新闻检查所主任金子中佐见一面。接着说了许多欺骗的话，如说津贴五十万元办电影公司扩大救国宣传之类，我心里真是雪亮的，我到底不是三岁两岁。

他见我迟疑不答，就改了另一副面目，他说如果不愿见面，就请我马上离开上海。但是上船的时候一定要由他们派人护送，要不然刘湛恩[①]博士就是榜样。当到处发见［现］人头的时候，他以为是一个有力的恐吓，我只好说约他下次再谈。两天后住在我隔壁的徐朗西约我去闲谈，一到徐家，彭寿

---

① 刘湛恩（1896—1938），湖北阳新人，曾任上海沪江大学校长。全面抗战爆发后，被推选为上海各界救亡协会理事，因拒绝出任伪政府教育部长，遭到恐吓。1938 年 4 月 7 日，遭暴徒枪击而死。欧阳予倩曾为其写下悼亡诗。

又在那里。他伏在桌上写支票，朗西又和我谈及筹办大规模的电影公司。彭又逼问我和金子见面的日期，我含糊不答，略坐即回到寓所。和我太太说了，立刻找到几个朋友开了一个会，讨论我到底应该留还是应该走。结果大家以为我目标大显，从来不惯于地下工作，还是以离开为宜。我不动声色，改姓名去买了张船票，等到船期，天还没有亮就上了法国邮船，正是民国廿七年四月十二日。

要走的前几天，于伶、阿英、殷扬、蓝兰、英茵（如今她自杀了！）和几个话剧界的朋友为我饯别；那年恰好我四十九岁，信芳、伯绥、素琴、素雯和几个旧剧的朋友买了些包子点心开了个茶会，为我祝寿。当时上海一班朋友，情绪异常紧张，几乎每一个宴会都是为谈一个问题，这两次的聚会当然也没有例外。那时候喝着茶，谈着天，有说不出的一种滋味。大家都知道上海的工作必然一天一天格外艰难，留在上海的要负起更重大的责任，而我是去了！

临走的头一天，把行李运了出去。突然接了彭寿的电话，他已经约说好了金子到他家里，要我去吃夜饭，我因为决定走了，就请他改为 12 日午后，他坚持 12 日正午，我就答应了他。所有一切的事，都由我太太韵秋替我预备停当——我每次出门，总是她替我检行李，非但一点小东西都不会遗忘，而且对家庭对朋友一切的事，她无不仔细想到，预为布置，使我少了许多错误。

天快亮了，我起身布置妥贴〔帖〕。汽车在弄堂外面候着。素琴、素雯姐妹通宵没睡，赶来送行。我走到母亲床前叫了一声，在她怀里靠了一会儿，再和我妹妹握一握手，便匆匆下了楼。

我母亲是一个最慈祥的老人家，她不仅对儿女，对一切的人都表示她深纯的母爱。她每日为前方将士，为灾民们在佛前祈祷，也为儿女们祈祷，病了都不间断。儿子，女儿，媳妇，孙子，都是她的宝贝，尤其是孙子，真跟她心头上的肉一样，因为我兄弟二人只有一个儿子。可是当他决心上前线，她老人家没有对他表示丝毫留意，虽然这于她是心上的一块大石头。我的离开她也明知无可如何，但决没想到一别就是天悬地隔，转眼就五年了！

问秋带着我的女孩子和我同坐一车，素琴姊妹另外一辆车，分途送到码头，我就此离开了我的第二故乡上海。

黄浦江还是一样，就多泊了几条敌舰和许多伪组织的五色旗。岸旁的树木正青得可爱，在晓雾当中迎风摇摆。树丛后面还隐约可见一个水塔，那便是远东一村。那里我曾经造了有一所小房子，许多花树围住的小房子早被野火轰毁了！

船走出吴淞口，这是经过"一二八""八一三"两次大战的战场。从水光雾气中望着那隐隐一线的江岸，说不定几时和它再见！我站在船头，对着眼前壮阔的波涛，真不知有多少感慨，也寄托着无穷的希望。一群群的海鸥飞来飞去，在船边，在我头上，跟着船转转地叫着，很久不去，难道也有惜别之意吗？

迈进毋畏途路艰（1938—1945）

1945 年，欧阳予倩与夫人刘韵秋、女儿欧阳敬如在广西昭平县

桂剧焕新，港岛幕启[*]

我得着马君武、白经天①两先生的信，要我到桂林。我在香港停留了一个星期，便搭船到梧州，再搭车经南宁、贵县到了桂林。马君武先生要我到桂林为的是改良桂戏，但是话剧方面也不能不兼顾一下。最初我每天都看桂戏，作短期的研究。同时国防艺术社（以后简称国艺社）要我排话剧，我也答应了。

大约光绪 32 年，丙午、丁未之后，我曾经到过桂林。那时候还没有女班。在戏院的后台，可以摆酒席请客。花旦就上着妆，出场唱戏，下场陪酒，习以为常。民国以来，有一个时期，戏台都设在赌场旁边，用为赌容助兴，就叫作"唱赌戏"。以后赌场被严格限制，戏馆便才和赌馆分开。至于

* 本文节选自欧阳予倩所著《后台人语　三》，(《文学创作》第 1 卷第 6 期，1943 年)、《后台人语　四》(《文学创作》第 2 卷第 5 期，1943 年)，标题为编写者所加，标点有改动。
① 白经天即白鹏飞（1889—1948），广西桂林人，毕业于东京帝国大学，归国后，先后在北京政法大学等学校任教，1931 年任国立北平大学法学院院长，1938 年任国立广西大学校长，1939 年任广西省政府顾问。

在戏园里宴客的习惯，一直到民国 27 年我到桂林的时候还没有完全革除。那时的南华戏院（现在三明戏院的前身）还是叫南华酒馆，经过马君武、白经天诸先生的处理，开戏以后绝对不许摆酒席，然后戏馆才渐和酒馆分开而独立。当时西湖戏院也和西湖酒馆是一体，可以一面喝着一面看戏。所以说桂戏有纯粹的舞台和剧场，是从广西戏剧改进会始。那时马先生是这个会的会长，陈俊卿、白经天两位先生任副会长，关德轩先生主持剧务，岑有常先生管总务。会中为演员们设了一个成人补习班，每日午前授课，教的是国文、数学、常识、公民等。马先生自己主持，请了几个教员，专司其事。

像广西戏剧改进会这样的组织，会长、两位副会长、总务、剧务两组长，都是国内有最高地位的教育家绅士兼学者，会员都是名人绅士和高级官吏，这是全国唯一的。其中陈俊卿、关德轩两先生尤其对于桂剧和平剧有很深的研究。

他们觉得需要一个比较懂得旧戏而又能够拿起笔来改改剧本的人，就打电报到上海找我。桂林是我少时旧游之地，被老朋友一提起，说来我就走了。

我到桂林，以研究的态度去看桂戏，发现她的素朴和细腻的美点。同时也感觉到在表演中没有把多少年锤练 [炼] 过的技术适当地运用，大约是因忽略而多少有些草率，看上去不大讲究。譬如拱手、抖袖、转身、指划等动作，有些地方做得不大好看；有时就用得不甚适合。这并不是本身的缺点，多半是由于学习时或过于机械，或过于粗糙。科班经营者急于要小孩子出台，未及认真过细 [戏]，以致成了习惯不能再改。当然这是就一般而论，有些名角演自己的拿手好戏，那又另当别论。

我改革旧戏的方案是把所有的地方戏都打算在里边的。我怎样去改革平剧，也同样去改革桂剧。不过对于桂剧应当特别注意到：如何保存其地方性的特点？如何吸收平剧、昆剧、秦腔、粤剧、话剧，以及西洋歌剧等的优点？同时还要洗除其因社会不良势力所造成的不良习惯，改掉其从不好的平剧所受的坏影响。至于桂剧的内容，同样是支持着封建思想和奴隶道德，要根本加以摧毁，自不用说。

马先生他们的意见，和我的意见有些不同：他们以为桂戏只是桂戏，首先要保存桂戏。所谓改进，只要将旧的剧本中不通、不近人情，以及粗俗淫靡［糜］的部分改去就行了。倘若像我那样一来，恐怕就把桂戏改得没有了。所以他赞成我排《梁红玉》，却不甚赞成我的排法。——《梁红玉》里头有两段昆曲牌子，一支《折桂令》一支《八仙会蓬莱》。当我在教唱那两段曲子的时候，马先生表示："昆曲有甚么用处？"这也难怪，一般地看起来，昆曲已成过去，没有甚么用了。不通俗，不普遍，不入时，拿来作甚么？马先生反对不是没有理由的。而且当昆曲全盛时期，两湖两广所受的影响真是微乎其微。湖南的勾腔——就是高腔——用的虽然是昆曲的牌儿名和昆曲的剧本，但是唱法完全两样。昆曲与湘桂的乱弹，除掉经常惯用的几支牌子而外，原来没有必然的需要。

我为桂戏排《梁红玉》，大家初次合作，当然不免生疏之感，这就更要存些客气，也就更难一点，我一面教给他们念台词，唱曲子，就费了很多的时间。同时他们念着唱着，太长了就会疲倦，我便又抽些时间替他们排身段和动作。讲到身段动作，旧戏本有定型。可是求其运用适当，却也不甚简单。我排旧戏也跟排话剧一样用力。每一个身段，每一个动作，我都替他们加以选择，尤其要注意每个动作和另一个动作，甚至于全部动作的联系，每一个人的动作和其他的人的联系。就不能如理想的做到，也要把力量尽到相当的程度。

最难的要算排地位。旧戏舞台的地位是有一定的，变化也有一定的方式，要想按照剧情，排列成种种不同画面，旧戏演员大多数不仅不习惯，而且不明白，每每在排练的时候费了很大的力，把地位安置好了，一上台又是乱的。

场面的问题颇困难。我叫不出桂戏锣鼓名称，而打鼓佬只是望着我，我总征求他的意见，以备选择。他总不做声；这并非故意，而是怕说得不对。我用各种不同的方法问他，他多半是唯唯否否，我渐渐也就明白了。

我用以上的态度排戏，想急是急不来的。加之演员们每天上午八时到十时上成人补习班的课，十时半回去吃中饭，吃中饭回来就要预备化妆演白天的戏，其中排戏的时间只有一小时。迟到、不到的习惯，又无从纠正，实在太不够了。于是我要求暂停几天日戏给我排戏，戏院的经理先生不同意。他以为：（一）停止日戏，收入减少；（二）照例桂剧演员说好是演日夜戏的，停止日戏便只给一半薪水，后台决不愿意停；（三）如果停止日戏薪水还是照十足发给，那个例一开，以后演员就会自由不唱日戏。我当时就说：新戏排出，停止日戏的损失可以补偿；在排戏中不演日戏，薪金十足付给，戏院出一半，我担负一半。我这样几度坚持，日戏算是陆续停了几天，彼此之间却弄得不甚欢洽。

我一个人又说又跳又唱又做，费了一个多月工夫，戏居然排得差不多了。我想把那舞台略为改一改，再略为弄几条布片，女兵的衣服置八套，一共不过三百余元，但是被否决了。戏，我也就懒得排了。我坐在旅馆里，未免有点发闷。我想，我在戏剧圈子里也算翻过几个筋斗，也曾做过一些事，何至于那样自贬，一定要把不必再尝的苦味自己找来重复一遍呢？

恰好那时候，我已经开始替国防艺术社排话剧，一个独幕剧《曙光》，一个三幕剧《青纱帐里》，这两个都是我在抗战初期写的宣传戏。我帮他们赶了出来，就在新华戏院上演。也还勉强过得去。那时南国社的朋友陈明中先生在桂林教书，他写了一篇批评，颇为称赞，便也有人反对他的说法。不过那时候桂林的话剧，比起目前是要差一些。近年来的确进步多了。那时我从上海刚来不久，觉得内地虽在战时，一切都不如上海紧张，即使是军队组织的工作队，如国艺社也不能例外，排戏和开幕的时间从来是不被尊重的。

南华戏院后台全体来见我，要我继续把《梁红玉》排下去，一切由他们担负。我很高兴，就接受了他们的要求。于是请国艺社的副社长李文钊先生帮助，借了些东西，又请阳太阳先生设计装置，还有几位同志同来帮忙，《梁红玉》算是演出了！庆丰年饰韩世忠，梁红玉一角便由如意珠、小金凤、金筱梅、小飞燕四位分演。一个人演一天转，用抽阄的方法决定那个第一天，那个第二、三、四天，这样才好算是公平待遇，大家欢喜。观众也特别感到兴趣，因为她们都各有各的观众。就这样一连卖了十二个满座。钱总算赚了几个。大街小巷都谈着《梁红玉》，还有些人从很远的地方赶来看。我以为这样可以告一段落，就又替国艺社演出了一个长戏，阳翰笙先生写的《前夜》。这个戏演得很好。凤子小姐饰青虹，孙毓堂先生饰白次山，党明先生饰刘济成，配合得相当好，其中以毓堂的表演为最佳。动作、表情、声音无一不好。但是他并没有很夸张的把白次山演成一般的所谓反派，只是入情入理把白次山刻划［画］到一个借租界的背景养成特殊势力的"闲人"。看上去好像白次山之依附外寇、豢养流氓、保持自己的产业，是很自然的，等于第二天性的发挥，责骂青虹一场尤其有声有色，片段地看起来，几乎令人会寄与他一些同情。本来在抗战的前夜，汉奸的活动是彰明较著的，爱国分子的工作反而只能秘密进行。《前夜》剧中白次山的地位特别显著，而反汉奸的势力表现得似乎不够充分。再加之毓堂的表演在同台的演员中多少突出，整个地看起来，这个戏发展得不平均，是一个缺点。

桂林那时候流行一句话叫作"抽税"。就是说有甚么专家来了，请他演讲一二次，会导演的就请他导演个把戏，这就是叫"抽税"。我的名堂总算玩得不少：在四个月之中，演讲十次以上，排一个桂戏，三个话剧，写短文五六篇。当然算不了甚么贡献，纳完税当然放行，于是我辞别了殷勤的主人，又回到了香港。

我到了香港不久，就听到敌机狂炸桂林，西湖戏院被毁，艳琴的行头全被烧了。我寄信给她被邮局退回，以后又听说她在贵阳被炸身死，又说是失踪，又说跟了人，总之至今没有消息！她那聪明活泼的影子，时常浮泛在记忆之中。我平白地受了她的叩拜，受了她一百元的赞敬，始终丝毫没有帮助她，我是辜负了她的诚意！

我在桂林四个月，每天不是说话就是排戏，从来没有游玩过山水。总想多做一点工作，而才力和精力每每感觉限制。我时时以坚强，忍耐，踏实自励，可是有时感情冲动，也没有办法。中国的社会本来复杂，而传统的惰性到处作祟，落后的气息，会把一个人缠绕得发昏。我们相信总有一个最大的力量可以把整个的枢纽转动，年青的一代可以开展一个新面目。这个力量应当是许多力量合拢起来的成就，抗战的刺激只不过一部分。我们如何组成这个力量，是与我们每一个行动都有关的。遍地都是荆棘，决无所谓痛快的环境。我当时离开桂林，并不是以为香港的环境比桂林好，而且我知道决不如桂林。但是想走动一下，希冀有点新的刺激使磨钝了的心灵恢复紧张；似乎近于消沉的勇气可以再鼓起，神经衰弱的现象可以减少。而且我想在收过了税，恰到好处的时候离开一下，比较勉强呆［待］下去有益处。等到真正没有办法再离开，反而会影响工作。我睡在旅店里，静静地想着，就决定了离开。当时也曾想过到汉口，汉口当时是人才荟萃之区，我去也不过凑凑热闹，比较还是两广或是湖南、江西、福建或者须［需］要我的地方多一点。恰好那时中国旅行剧团从汉口到了香港，要我去帮忙，我就打定主意，姑且借着扁舟一叶，谋短期的放浪，这于疲劳的身心是一副清凉剂，却没想到到了香港担负更大的麻烦！

那时候广州还没有失陷，我从桂林趁［乘］小船到了梧州，从梧州搭轮船于（民国）27 年 9 月 1 日到了香港，唐槐秋先生率中国旅行剧团到码头来迎接，随即就到了他们住的地方，在一间旧家具店的四层楼上。第三层是一间制造充皮皮箱的工厂，中旅租的是第四层楼的全楼面，有四间大房，除团长唐槐秋先生另有住处，全体团员都住在那里。

　　我一到，他们就开了个欢迎会，满墙都贴上标语，好在都是熟人，大家谈笑一番，颇为愉快。槐秋一向叫我二哥，他自认是我的小兄弟，我也素来和他不错，当时他说想约我到另外一个地方谈谈关于中旅的事。我们同到远东川菜馆去午餐，在吃饭的时候，他告诉我他们怎样由汉口到了香港。

　　"八一三"战事爆发，许多剧人组织救亡演剧队出发，"业余"便分成了几队，"中旅"却保持着职业剧团原来的机构，没有变动。为此也有人批评他们。槐秋的主张是不会动摇的。

　　开战不到一个月，中旅已经没米开饭，于是内部议论纷纭：有的说槐秋赚了钱不公开，藏起来了；也有说他父女赌回力球输了；还有些就怪他没有参加救亡演剧队。槐秋知道在上海干等是不行的，他召集大家谈了一次话，表示一切公开，又让服从他的签了一张字，不服从的尽管各奔前程。结果有五分之四签了字，其余的也就跟着，走的也有少数的几个。于是槐秋把全班带到汉口。到了汉口与朱双云合作了一个时期。除了原有的戏，新排的阳翰笙氏的《李秀成之死》。

　　看看汉口的情形不大好，他们不能不预谋退步。恰好有一个姓刘的在汉口法租界开有一间西式旅馆，因为法租界可以避免空袭，他那间旅馆利市百倍，发了意外的财，那位刘先生想把业务推广到香港，好在他的生意正在走上风，不大在乎，他也经过十分详细的考虑，就把中旅从汉口搭粤汉路车邀到香港开演。谁知香港这个地方对话剧不甚为一般人了解，粤侨不讲粤语便说英语，国语话剧只有少数外江人去欣赏，姓刘的见不能赚钱，便中途退却，槐秋只得独力撑持。槐秋以为团中只缺少导演，有我帮忙，剧事顺利。

我却以为并不那样简单，槐秋对团里某几个演员深致不满，可是他以为他们既因汉口危急不能回去，上海也无从活动，必不致离散。至于回到内地加入救亡演剧队，那是绝无可能。

从上海相别一年，我又看见中旅的戏了！角色更换了，地位更变了，词句生了，噱头加多了！完全走了样，不是原来的面目。我看了几幕几乎不能终场，有无穷的感慨，我替他们赶排了《前夜》，他们的演技因为过于随便，一点劲都没有，许多的纠纷却在暗中发展，有一个女角走了，不久若青和她父亲大吵一台，离开香港，到了桂林。

槐秋当时公开表示，他说，他的私生活任何人不能干涉；中旅的事，他自有主张。他就来催我排一个戏，他是要表示：即使若青不在，一切还是照样进行。我就选定了《流寇队长》那个剧本。他和包可华都反对，以为那样的剧本决演不好。我坚持要排，我的意思是要排一个戏，变换一下作风。

《流寇队长》名称不能通过，改为《正气歌》。李曼林饰流寇队长，姜明饰刘殿元，蓝马饰吴志赶，都很好。杨薇在中旅只能算是二路花旦，有若青在她就没有机会演重角，这次我派她饰大红鞋，她十分卖力，演得很成功。这个戏配合得当，排练也颇恰到好处。大家排戏的情绪很好，大家按时齐集，不知不觉就把个戏排好了。演出来大家都感到意外的成功。

可是不幸得很，因为这个戏，刺激了一班团员反抗槐秋的情绪。他们当槐秋是流寇队长，最初不过是讲笑话，过了一向，就酝酿出联名离开中旅的事。——这件事是姜明、张立德、李曼林三个人领头干起来的。事先他们跟槐秋开过两次谈判，谈判的情形我不知道，只听说双方各走极端，毫无结果。李曼林来告诉我，我切实开导他，他微笑摇头没说甚么。我便又约槐秋到我那里，想和他商量一个釜底抽薪的办法。可是他的态度异常坚决。

这件事轰动了香港的文艺戏剧界，许多人都去打听他们的内容。有的同情姜明他们，有的同情槐秋。他们双方当然各执一词，最初都还客客气气，久而久之就不免互相诋毁，闹成了不可挽回的僵局。他们一群离开中旅之后，就在跑马地租了一间小房间，十五六个人挤在里面，情形十分狼狈，有些同情他们的朋友送了他们一点钱，勉强维持生活。槐秋的意思大约是想不理他们，慢慢地从山穷水尽的时候劝他们回头。恰好有一位和姜明萍水相交的张先生替他们租到一所房子，又还有些银行界的朋友助了他们些经费，他们就把团体自行组织起来。最初拟称为复兴剧团，以后决定称为中华艺术剧团，外边的人简称之为"中艺"。

一切组织就绪，他们来请求我支持他们，要我替他们排戏。我以为不能置之不理，如果他们是真心向上，应当帮助他们，我就答应替他们排戏。只是坚决声明几件事：（一）我只负排戏的责任，团中一切要他们负责自治；（二）经济方面我不干预，也不负责；（三）要起居有节，绝对不许作不正当的娱乐；（四）要经常请人讲学，建立研究的机构。他们一一承认，我就替他们整理了一下《流寇队长》和《雷雨》，又替他们排了一个陈白尘的《魔窟》，改名《得意忘形》。

中艺自从演过《魔窟》之后，感觉到话剧在香港很不容易把码头打开。加之港政府不愿得罪日本，对于话剧的审查逐渐严厉，更觉难办。每排一个新戏最多演不过三天。粤剧名优如薛、马[1]他们的新戏也只连演两天就换节目。话剧团体那里来那样多的新戏呢？就是赶排，也决没有那样快啊！可是为了维持生活除了赶排新戏也没有别的路可走，要排戏当然找到我，我也只好尽力替他们赶。

中艺的开销，房租、火［伙］食、日用品、零用，并团员每月津贴十元，总共每个月不过港币六百元。这个数目，以为只要每月能够演一个戏无论如何总赚得进来。大家以为不致没有把握，也就安心工作。除赶着排戏而外，每天学习英文一小时，读书二小时，每周请专家演讲，并开座谈会。这样过着一个时期，秩序很好。从来没有人玩牌，无论麻将纸牌都没有。也没有人睡晏觉。闲空的时候到郊外去旅行。一切都由团员们自己处理，我只从旁帮助他们。没有戏我就替他们赶排。就是演过的戏如《日出》《雷雨》之类，因为有新的角色参加，又因为以前的都演油了，全部从新排过。像这样我在八个月当中为中艺排了长剧十一个，短剧三个，[2]列表如下：

《流寇队长》（改名《正气歌》）

《魔窟》（改名《得意忘形》，陈白尘）

《雷雨》

《日出》

《钦差大臣》（欧阳予倩改编，用民国初年北边服装演出）

---

① 薛、马指粤剧名伶薛觉先、马师曾。
② 原文如此，应有遗漏。

《狄四娘》（照俄作，原名《向日乐》，张道藩改译）

《伪君子》（莫利哀作，照原本演出）

《中国男儿》（胡春冰作）

《黑暗之势力》（欧阳予倩改译）

《花溅泪》（尤竞作，中艺成立粤语组，用粤语演出）

《青纱帐里》（欧阳予倩作——抗战初期作品）

《屏风后》（独幕剧，欧阳予倩作）

《曙光》（同上）

以上的十几个戏当中以《流寇队长》《魔窟》和《钦差大臣》评判最好。《雷雨》《日出》也过得去。《狄四娘》没弄好，《伪君子》演得不坏，可是也和《狄四娘》一样，和香港观众的胃口不相配。《黑暗之势力》费了许多事才得通过，可是没有上海"业余"剧团演得好。杨薇饰张裕福的妻子不如英茵；张立德饰李奇不如魏鹤龄；唐叔明饰李洪氏也不如章曼萍。排的时间太短也是一个失败的原因。至于《花溅泪》演的都是香港各公司的影星，如陈天纵、朱剑琴、胡蝶丽、胡美伦、余亮、蔡楚宾、冯峰，诸位演技都是很好的。他们对于排戏异常诚恳，从来没有一个人迟到，没有那个的台词不是下功夫练过的。每一个动作他们都仔细斟酌过。工作态度之严肃，比中艺原来的同志只有过之。《花溅泪》演得很好，可是卖座并不甚佳。这令大家都出乎意料之外。

除为中艺排戏之外，我还为时代剧团排了两个戏。时代剧团是以前广东戏剧研究所的同学们组织的，我也很希望能帮助他们多一点。然而分出来的时间太有限了！除此而外，我还替谭夫人所主持的妇女会排了一个粤剧《貂蝉》。恰好金素琴到了香港，我又不得不为之排平剧。我那样四下奔忙，八个月当中，话剧，平剧，粤剧，英文剧，一共排了二十几个，在量的方面不能算少，实在过于太多，以致质的方面难免有粗制滥造之嫌，然而不是安心要那样，实在是迫不得已。

我替人排那样多的戏，不仅是没有一文的报酬，还要贴出许多车费和饭食应酬之费。为着维持个人最低限度的生活，全靠编几个电影剧本，预支一点稿费，不然就是借债。偏偏那年（二十八年）我身体常常不适，臀部又生了许多疮疖，剧本和一些短文都是在病中撑持着写成的。我写的电影剧本有《木兰从军》和《开天辟地》两个卖出去了。《木兰从军》在《文献》发表的已经是经卜万苍增删过的，不是我的原本。但是我的原本还留着一个副本在身边，我也没有把它重新发表的意思，留着塞塞箱子吧。《木兰从军》那部片子总算赚了大钱，净利当时听说到了一百万，对于作家的报酬，也就特别丰富，法币伍百元，改送了港币伍百元。

中艺看来看去难于维持，而开销只有增大，我为他们借垫了些钱，也无济于事。蓝马加入了"中救"，其余的团员提议往内地工作。广州沦陷之后，交通已经不便，姜明、张立德等自告奋勇要从广州湾步行到桂林。大家都颇有激昂慷慨之气。本来有某先生说，要把中艺好好组织一下，增加些器材，到南洋去工作。他说得十分恳切，叫大家积极准备，等他从重庆飞回就要动身。我见他说得太容易，不敢相信。只要他先付一万元准备费，他一去便无消息。还有一个熟人介绍他的朋友相见，说是同情中艺，可以借出些款来，我和那人一谈，他问我要多少钱可以支持中艺，我随便说要港币一二万，他愿意垫五万到十万，我看那情形，有特殊的作用，只得唯唯而别，就再没敢和他见第二次。

新疆要我去，连催了好几次，我没有去成。广西又打电报约我回桂林。我还没有决定，恰好中国制片厂的罗静予先生到香港办分厂，招牌挂的是大地影业公司。名导演如蔡楚生、谭友六、司徒慧敏诸位都参加工作，想要中艺同人去拍戏。我就去约齐大家开了一个会，问他们愿意到内地还是愿意参加大地公司，留在香港，他们都愿意加入大地公司。我就介绍他们由大地公司全体收容，我就和我内人带着女儿由广州湾再回到桂林，到的那晚正是二十八年中秋佳节。

1938 年，欧阳予倩（前排左三）在香港和粤剧救亡服务团成员合影

广西省立艺术馆馆长欧阳予倩

1940 年 3 月 15 日，广西桂剧实验剧团成立，欧阳予倩（台阶上二排左二）任剧团团长

1940年，欧阳予倩夫妇在桂林与秘书田念萱（后排左一）等人合影

1940年，桂剧学校成立时的合影（二排左五为欧阳予倩）

欧阳予倩编剧、导演的桂剧《木兰从军》剧照

1941年，欧阳予倩（二排左四）与田汉（一排右四）、李文钊（一排右三）、焦菊隐（二排左五）等
桂林文协会员合影

一行精严破万才俦床，何惜逭魂庆低佪千十乘，来事邓讳高深泐，噤哉

洪深兄五十初度志怀

欧阳予倩作

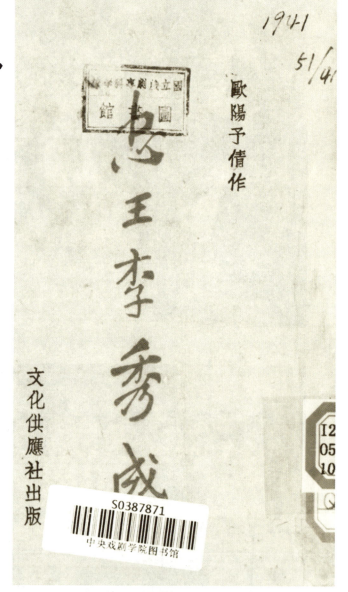

1942年，洪深五十寿辰，欧阳予倩题诗祝贺

1942年，欧阳予倩所著《忠王李秀成》的书影

1942 年，欧阳予倩编导的桂剧《胜利年》剧照

1942年，欧阳予倩与好友田汉（立者）、夏衍（一排左一）、洪深（一排右一）
在桂林

1942年，欧阳予倩（二排左三）与夏衍（二排右二）、田汉（二排右一）、
洪深（二排左二）、司徒慧敏（一排左一）、瞿白音（二排左一）、
蔡楚生（一排右一）等人在桂林合影

欧阳予倩与舞蹈艺术家吴晓邦（右）在桂林合影

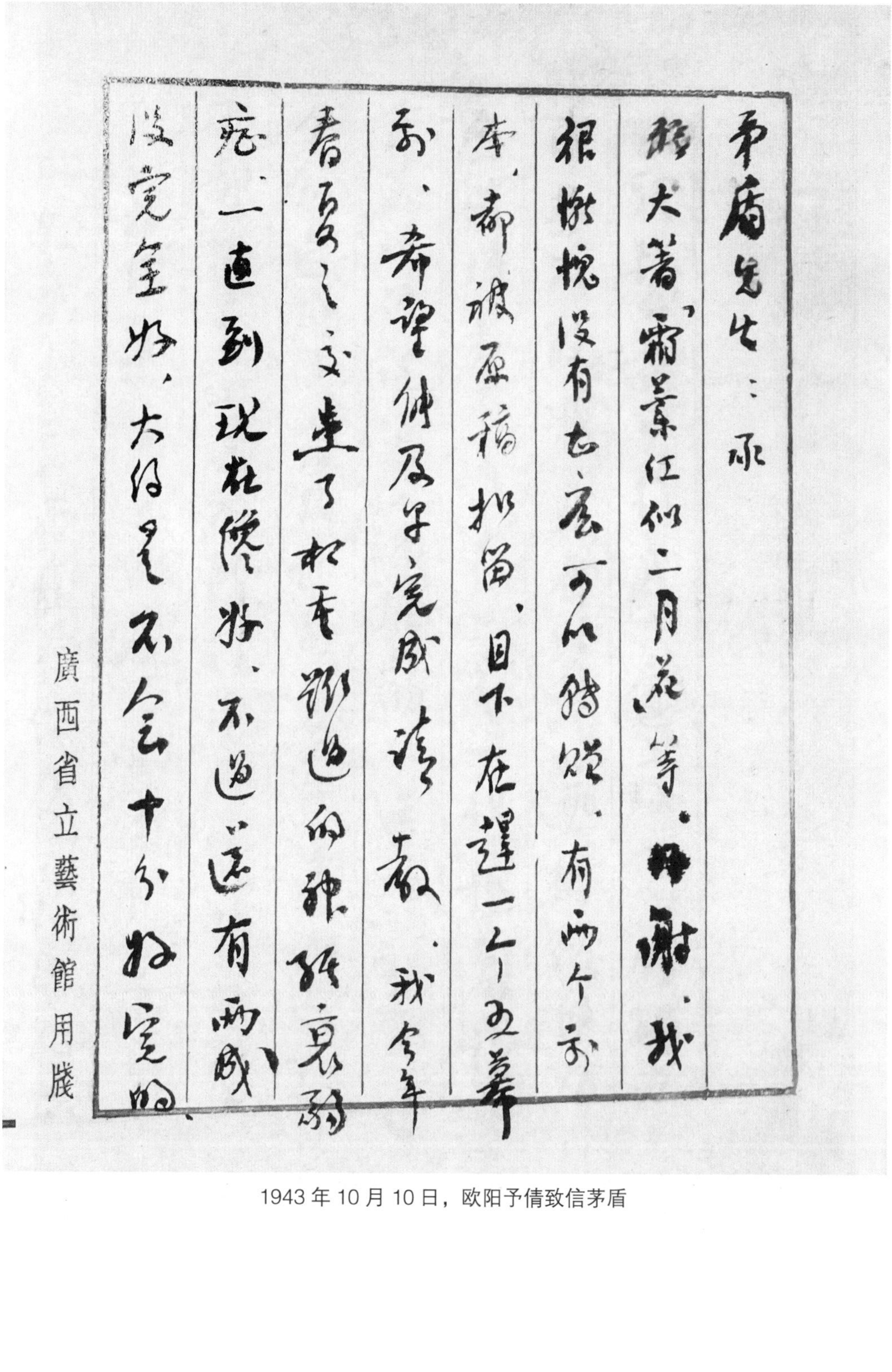

雁冰先生：承

赐大著"霜叶红似二月花等。拜谢。我

很惭愧没有去虎门不能馆，有两个剧

本，都被原稿抄留，目下不在還一个五幕

剧，希望你及早完成读，我今年

春夏之交走了柏老那边病很弱，

病，一直到现在慢好，不过还有两成

陵完全好，大约是不会十分把它的。

廣西省立藝術館用牋

1943 年 10 月 10 日，欧阳予倩致信茅盾

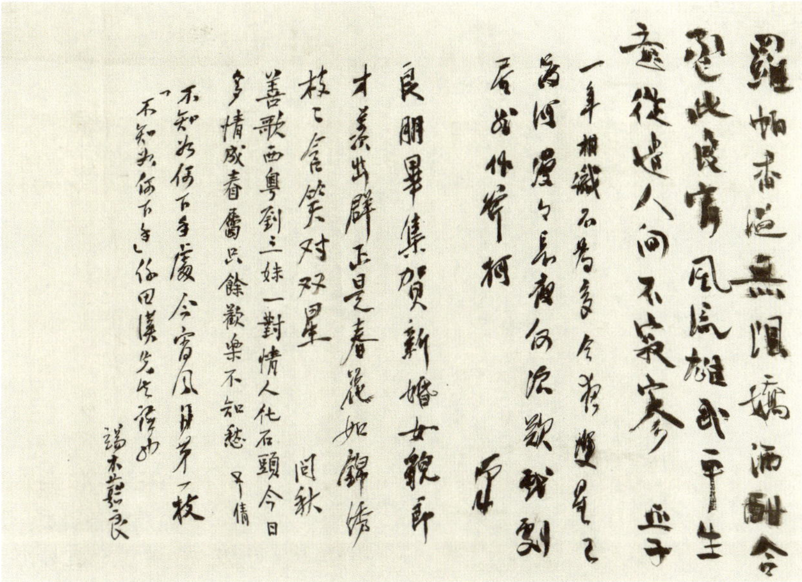

欧阳予倩夫妇和柳亚子、田汉、
端木蕻良为友人马师曾、红线女
结婚题写诗词

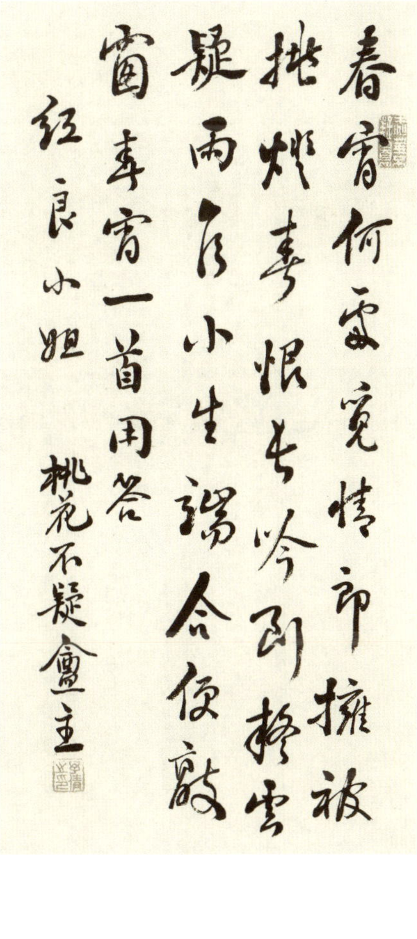

桂林时期，欧阳予倩以"桃花不疑庵主"的
笔名给端木蕻良题诗

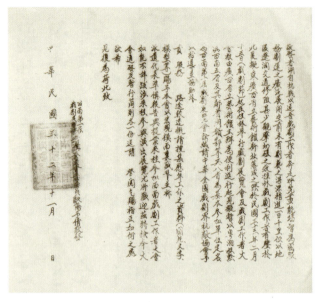

1943 年 11 月，欧阳予倩代表西南
剧展筹备委员会委员邀请西南戏剧
工作者参加剧展

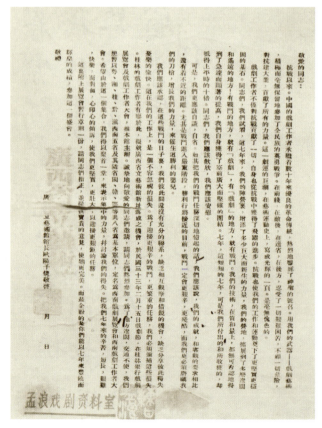

1944 年，欧阳予倩就西南剧展即将
开幕写给戏剧工作者的信

1944 年，欧阳予倩与夫人刘韵秋在广西省立艺术馆建设工地

1944 年 2 月，修建完工的广西省立艺术馆外景

1944 年 2 月，欧阳予倩在
西南剧展开幕式上发言

1944 年 2 月，西南剧展期间
欧阳予倩与张道藩（右）合影

1944 年，欧阳予倩（一排左二）在广西桂林和柳亚子（一排左三）、田汉（一排左一）、
熊佛西（一排右二）、安娥（二排右一）等文艺工作者合影

1944 年 3 月，西南剧展中戏剧工作者大会开幕

1944 年，欧阳予倩（右上站立鼓掌者）在西南剧展期间招待西南戏剧工作者

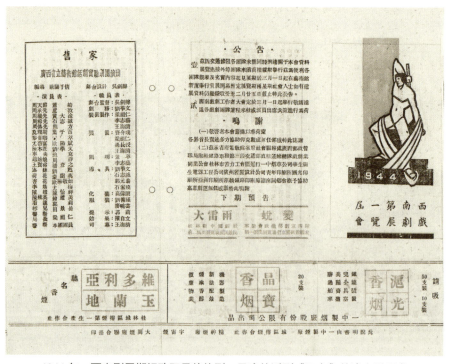

1944 年，西南剧展期间欧阳予倩编剧、导演的话剧《旧家》的演出说明书

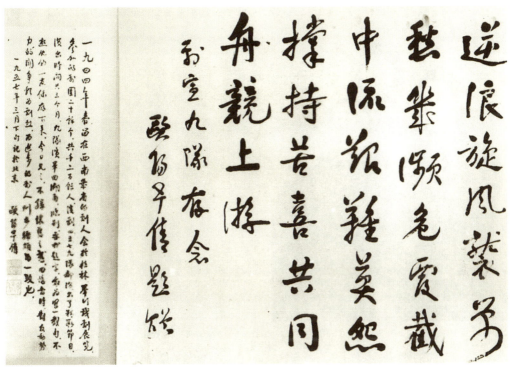

1944 年，欧阳予倩为演剧九队题词，左为 1957 年 3 月欧阳予倩补写的题记

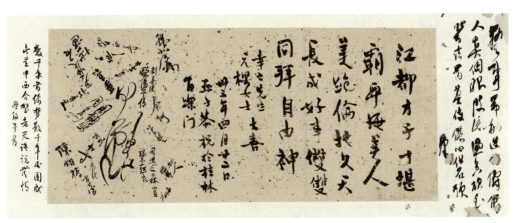

1944 年 4 月 23 日，许幸之夫妇结婚时，欧阳予倩、柳亚子、田汉等人题诗庆祝

1944 年，欧阳予倩与妻女在桂林

欧阳予倩（右），瞿白音（左）、田念萱（中）夫妇在桂林合影

1944 年 9 月，欧阳予倩与妻子刘韵秋携广西省立艺术馆馆员从桂林疏散

1945 年，《广西日报·昭平版》编辑部在黄姚，左起：张锡昌、莫乃群、
欧阳予倩、千家驹、徐寅初、周匡人

1945 年，抗日战争胜利后，欧阳予倩参与
街头游行庆祝

此属为文化
乐园智慧渊
蔽老师宿
儒青年学
子莘肩携手
芟袓就之荷
政无纳粹之
以囚藏书句
由阁览自由
广西省立图书馆
新馆落成纪念
欧阳予倩敬贺
卅五年九月一日

1946 年 9 月 1 日，欧阳予倩为广西省立图书馆新馆落成题写贺词

1946 年 9 月 18 日，广西省立艺术馆同人欢送欧阳予倩暨刘韵秋夫人离桂纪念合影

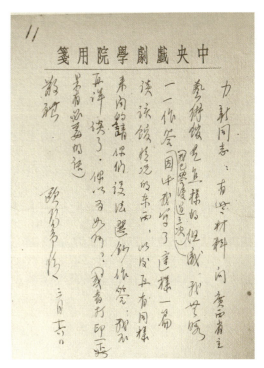

1955 年前后，欧阳予倩致信力新，
谈广西省立艺术馆之旧事

关于广西省立艺术馆的一些情况[*]

广西省立艺术馆，底子是徐悲鸿（故）在桂林所筹划的美术院。徐离桂林在重庆成立了美术院，桂林的就停顿了。一九三九年秋，欧阳予倩到桂林，伪广西省政府就让欧阳接办，因省立不能称"院"，所以改名为广西省立艺术馆。由欧阳予倩任馆长。于一九四〇年春成立。馆内分音乐、美术、戏剧三个部分。戏剧部为重点，其次为美术部，音乐部最弱。戏剧部主任由欧阳予倩兼任，演的是话剧，所演的都是比较进步的剧本，从来没上演过反动的如《野玫瑰》一类的剧本。美术部由徐悲鸿的学生张安治主持，他是个艺术至上主义者。这个部除有时开一般的绘画展览会外，没有甚么积极的进步的活动，但也没有作反动的宣传。桂林疏散，张安治去重庆，此后美术部有进步分子参加，因此有进步的表现。音乐部的人员经常变动，有时搞搞合唱，有时也有器乐演奏，有时就走得只剩很少几个人。那时在桂林的音乐家工作最少，意见最多，所以艺术馆的音乐部总没有

* 本文为欧阳予倩1955年前后所写，载于《念年之别：欧阳予倩集外文档》（生活·读书·新知三联书店，2023），标点有改动。

好好搞起来。只有戏剧部工作比较正常，曾演出过《心防》《愁城记》《长夜行》《国家至上》《忠王李秀成》《天国春秋》《日出》《草木皆兵》等剧。

艺术馆的成员都是临时凑集的。汉口、广州沦陷以后，从各方面集中到桂林的人很多，其中搞文艺的不少，凑成个剧团并不甚难，但是流动性很大，高兴就参加，不高兴就话也不说一句走了。当时艺术馆是给薪水的，但是人员的流动性仍然相当大。在抗战时期当那样的环境，像艺术馆那样的机关也就只可能那样。甚至有的人本来到重庆、昆明或广东曲江去，路过桂林，因为缺乏旅费或其它原因不能不暂时留下，他便多方托人介绍进艺术馆当演员，过了一个时候，他能走得动了便假借种种理由告假，一去便不复返。有的人我记得他（或她）的名字，有的连名字也不记得。更难说出是谁介绍的，几时到的，几时离开。除非最熟而又相处比较久的，很难谈其社会关系和政治面貌。十几年前的事全凭记忆，有的比较可以肯定，有的不能肯定，也是很自然的。

抗战时期的桂林是个比较特殊的地方。进步人士在那里适当地有些活动是利用桂蒋间的某些矛盾，这是相当微妙的。艺术馆在抗战时期可以办，而在胜利后欧阳予倩就不能不走，艺术馆不久也被停办，这都是很自然的。

艺术馆的成员是比较复杂的：有的是进步份［分］子（还曾掩护地下党员），大多数是一般的比较爱好艺术的，还有特务分子混在里面。最初发现的特务是毛露，因为他经常捣乱，又暗地联络欧阳予倩住所的房东姑娘监视欧阳。以后他走了，在重庆经常盯进步人士的梢。以后有人告诉欧阳，王光乃、陈光、王洪波是特务。吴剑岚据说在庐山受过训（他自己承认，但说是一般的受训），他显然是特务，此外就不知道了。

一九四四到四六[*]

两年前的今日——一九四四年二月十五日——广西省立艺术馆落成，西南戏剧展览会开幕，参加的剧团单位三十个，公演节目四十二个，时间延长到三个月。其中包括着戏剧工作者大会，资料展览和许多次的座谈会。外国报纸传载，认为全世界戏剧界有数的大会。当时的盛况已成陈迹，但在人们的心目中记忆犹新，而艺术馆的建筑经过敌寇的焚掠，只剩下一片瓦砾之场，主办这次大会的工作人员也各方星散了！

两年后的今天，胜利属于我们的今天，和平建国开始的今天，我们把烧了的房子重新建造，工作重新整理，也想把过去在疏散中的情事回顾一下。

结束了西南剧展，不久便由桂林疏散到昭平住了一年，五个月在县城，以后都在黄姚。

当第一次疏散，我们买了一条船，另外雇了三条，公物和私人行李，能

———

* 本文为欧阳予倩所作，刊于《半月文萃》第 3 期，1946 年，标点有改动。

带走的，一律装箱下了船，听说停止疏散，又把船退了，物资全部搬回，花了不知若干冤枉钱。

工作又恢复了，美术演习班，抗战美展，都已开始；音乐方面的活动和各方面配合着又作新的布置；演出了一个戏《草木皆兵》;《杏花春雨江南》正开排，新中国剧社的《怒吼吧桂林》正上演；诗歌朗诵会得到了普遍的支持，正蓬勃地发展；文艺界桂北前线去工作的组织也已就绪，敌人到了黄沙河，忽然紧急疏散!

前次买好的船雇有船夫守着，忽然不知被那个有力者硬撑去了。花了许多黑钱，还有几个朋友帮忙，好容易雇到了五条船，黎民伟先生自己还雇了一条，一共六条，连家属一百多人，开到昭平，七万多元的疏散费，超出四倍。

艺术馆本来是一个艺术教育研究和辅导的机关，注重的是艺术工作者的自我教育和再教育，并从实际工作推进新的艺术运动。所以对一般的宣传工作如贴标语，或在墙壁上写字之类的事从来没有干过。一到昭平，在桂林那些工作完全无法继续，只能够发刊壁报，开小规模的晚会，和简单的歌咏会，画展和影展也开过几次。因为疏散，美术、音乐、戏剧三部的人员合起来只剩下六十几个；原来三部门是各自独立的，一到乡村便感觉到原来的组织有些不便，于是将三部合并，组织工作队参加昭平自卫工作委员会，分向昭平各乡镇从事于组训与慰问的工作。馆中同人全是都市青年，对乡村工作不大习惯，因此在出发之先准备了将近一个半月，又得到当地人士的许多指示，进行颇为口适，我们帮着把各乡自卫分会组织起来，把县政府和自卫会的意思传达给各乡村：把各乡村的缺点和痛苦情形代回昭平报告，以为增加自卫组织的参考资料；同时从实际宣传军民合作，顺便督导乡村行政，这其中有许多见闻，异常宝贵，可说是很有意义的经历。这些工作只继续了一个月，时间太短，本应当再做下去，无奈经费有限，而自卫工作委员会也遭受了痛心的打击，被迫无形停顿，根本就什么也谈不到了！于是不得不退而求其次——想开一次自卫工作画展和影展，想演两个多幕剧，十之八九预备好了，正在开始布置，忽然又来个紧急疏散！敌人真来了呢，还是没有来？谁也不知道。会不会来，更不知道。来了怎么样？那就各有各的说法，也各有各的打算。总而言之，民船民夫，征雇一空，行李的搬运通宵达旦，敌人要来，不论是来五个也好，十个也好，总是一走；就是敌人不来，在那种混乱情形之下，也不能不走。走之先。自卫委员会虽然毫无办法，还开了一次惨淡的会。我们又用相当高价雇了船，装上行李，许多人便冒着冬季的斜风细雨，扒着泥泞的山路，走到庇江。由庇江到西坪，由西坪到黄姚，一路上风雪漫天，人们为悲愤的火把心肝都燃透了，不然许多都是衣衫不够，那山上的冰，路上浸没脚跟的泥浆雪水，怕不冻坏了他们！

路上听说惊慌出于误会，敌人始终没有到昭平，据说敌人根据"哀兵必胜"的说法，生怕我们那些没有棉衣棉被，没有雨帽草鞋，在半饥饿状态中，挟着破枪的自卫队会跟他们拼命，所以有所顾忌而不敢来，——尽管后来他们还是借蒙山的叛兵为向导，从黄村直抢到昭平城里，劫了不少物资和妇女！

馆中同人分四五批先后到了黄姚，公粮断了，一直断了四个多月。馆中经费一整年没有领到，馆中同人也就一直没有领过一文薪水。可是，黄姚这个地方，我们有几个同人去做过工作，曾经留下一些好感。承当地人士设法，陆续借给我们谷子，幸而不致断炊，而最伤脑筋的却是突然而来的所谓"黄罗事变"。这些情形，比起在黔桂铁路线向西疏散苦况是不值得一提的，却给我们精神上的许多刺激而不在生活的艰难。

黄姚是一个闭塞的小乡镇，可是我们在那里办了识字班、图书馆、学术讲座等等，晚会也开过好多次，壁报经常发刊，战时画展和影片展览也有许多乡下人来看。此外最难得的是有好几位朋友组织了《广西日报·昭平版》，消息相当灵通，而那报纸销行到附近各乡县每天有二千份之多。因此我们感觉到：（一）穷乡僻壤的老百姓渴求文化，可惜教育和艺术的光明往往照不到他们；（二）基层工作是最实际的工作，十几个有大学教授资格的人做一县的文化工作勉强够用，范围太大就会忙不过来；（三）基层工作最要紧是要取得老百姓的信任，一件事得到信任，就紧接第二件事，必然越来越顺利，所以工作者必须虚心学习，若能和清明的政治相配合，决没有甚么难办的事情。如果不能样样设身处地为老百姓着想，充分给与他们便利，那就只有一天天增加隔阂，甚么事也不能办。这是我们疏散一年来从实地学习得到的。

如今回到桂林来了，馆址重建——没有房子，工作无从开展，有了房子不极力充实内容也和没有房子一样，把甚么来充实它呢？是不是重新计划一次西南剧展那样的盛会？那不一定。今后所注重是学术，是教育，是创作，尤其是大众艺术运动。这个建筑虽然是省会的文化会堂，是都市艺术运动的据点，同时也应当是农村艺术教育的策划所、试验室、发动的总机构。疏散以来的工作经验告诉我们，这是当前最重要的问题。

浮沉磨折无自由（1946—1948）

1948 年，欧阳予倩在香港拍摄《恋爱之道》期间为舒绣文（右一）、冯喆（左一）讲戏

台游杂拾，在香港拍电影[*]

1946 年我从广西回到上海，只写过一个电影剧本《关不住的春光》。新中国剧社的朋友们从云南回到上海，我就帮他们排排戏。此外，还在上海戏剧学校教一点课。1947 年 1 月中旬，新中国剧社到台湾演出，我也一同去了。在那里演出了《郑成功》《桃花扇》《日出》《牛郎织女》等四个戏。前三个戏都是我导演的。尽管观众的反映很好，却引起了当局相当大的反感，看来不能再演下去，恰遇着 2 月 28 日的事变（台湾人民反对国民党统治的一次行动），我们几乎遭到很大的危险。事变被镇压下去了，我们又从台湾回到上海。由于反动派的重重压制和种种迫害，剧社无法活动，勉强演出了几场后，只得解散。有的演员到了解放区，有的被分散在可能容纳他们的电影公司，我仍然回到上海戏剧学校教课。当时国民党的制片厂极力拉我为他们写剧本，我推脱掉了，可是他们经常不断地来纠缠。反动派还一再强迫我去

* 本文摘自欧阳予倩所作《电影半路出家记》（《电影艺术》，1961 年第 2 期），标题为编写者所拟，标点有改动。

参加这个会、那个会（例如"宣传兵役"的会），我都拒绝了。有一次，举行纪念戏剧节的宴会，朋友们认为我不妨去参加一下。在席上有人大谈要编"戡乱"戏，我中途托故退席。回到家里，我想在上海很难待下去了，便决定离开。我本是民盟的理事，那时我为民盟担任一些联络工作，及至伪国大在南京召开，民盟被迫撤退，我也就到了香港。我把一些情形和夏衍同志谈了，恰好香港永华影业公司成立，由卜万苍介绍，我便接受了永华的聘请，从此离开了上海。

在离开上海之前，我还为大同影业公司①编了一个戏，由洪深、郑小秋联合导演。这个片子的片名和故事梗概我都忘了，无从查考。广告登着："神工鬼斧，匠心独运，千锤百炼，不同凡响:《弱者，你的名字是女人》欧阳予倩编剧。"我不知道是哪儿来的，原来就是我写的那个剧本，洪深给我改了个名字。有不少人反对这个片名，原来这个片名用的是莎士比亚剧作《哈姆雷特》的一句台词:"Frailty, thy name is woman!"洪深兄谈起还很得意，可是有许多人写信给我提意见，我无从解释。这部片子放映了，我一次也没有看过，想起来似乎有些滑稽。

香港永华公司的老板是李祖永，据说他是在重庆买卖黄金、做投机生意发了国难财的。他把大部分的钱套汇到香港。他搞投机生意很有办法，并不善于正式经营工商业，办电影公司也是带着几分投机性质的。张善琨不知道怎么样和他勾上了，他也就让张善琨给他出些主意。资本主要是李祖永的，

---

①　原文为明星公司，有误，此片应为大同影业公司摄制，后《电影半路出家记》出单行本的时候，作了更正。

听说也还招了若干股份，可是从来没见开过股东会，一切都是李祖永个人发号施令，独断独行。李祖永就他的生活来看，就是个不成器的大少爷，在香港有好几所新房子，几位姨太太，抽大烟，赌钱，无一不爱。香港表面禁止烟赌，爱抽两口，也不妨是半公开的。阔人在俱乐部里一场麻将，一场扑克，输赢几百、几千，甚至上万元的都有。那时受聘参加这个公司的，我记得在编剧方面有顾仲彝、周贻白、韩北屏和我，导演有卜万苍、李萍倩等，张骏祥也导演过一部片子，还有些什么人，我忘了。李祖永也曾约我们到他家里去吃便饭，就便谈谈工作，约的是下午五点谈话，七点吃饭，可是我们在他的客厅里等到八点多，他才出来，一直到晚上十点钟才吃饭，饿得我们什么似的。我真生气，但许多人在一块儿也不便当场和他说什么，大家当然也都不高兴，就那么冷冷淡淡地吃了一顿饭。李祖永当然是毫无所谓的样子，吹嘘着要如何把公司办好，要用最好的设备，拍最好的影片，照例客气一番，说请大家帮忙。他最后说要请大家注意，他的公司绝不能让共产党利用。反正他是老板，大家都默默地听着他的话，没有谁表示任何意见。吃完水果，喝完咖啡，道声谢，走出大门。当时我心里就在打主意：我在这公司能起什么作用呢？能不能够干下去呢？能不能够利用这个公司的设备拍出几部比较有意义的影片呢？

那时候，我就看出这样一个公司很难有什么作为。可是永华由于参加的人都想拍出一点比较好的片子，它初期所出的影片有的也还过得去，一直也没有拍过什么露骨的反动戏。我到那里写过两个故事，顾仲彝和周贻白也都写了，据说这些故事都经公司的某些人传观过了，可是用与不用，很长时间以来渺无消息。贻白常说："剧本在游街呢。"游来游去，没有下落。我当然知道是不会采用的。我当时写的故事是比较详细的，写的是些什么早已忘了。我看着待下去没有意思，便找一个认为适当的时候卷起铺盖，告辞了。

永华公司维持不到几年就垮了。据说李祖永的资本大约有三百万元港币，用在永华公司的听说将近一百万元，有人说后来超过了这个数目。公司租用的那块地，后来又听说香港当局要收回建兵营，就把摄影棚给拆了。李祖永的投机生意也很不顺遂，不记得是1956年还是1957年，听来自香港的人说，李祖永全部破产，不久就死了。

至于张善琨，过去依靠恶霸黄金荣，也曾经成为上海法租界的一个"体面人"。他一面经营共舞台，同时办着新华影业公司。他因为要和其他电影公司竞争，对文艺界一些朋友也是客客气气。他曾经是个大学毕业生，经常还是以体面绅商的姿态出现在上海交际场中，和一般流氓有所不同。大约在太平洋战争爆发的时候，日寇全部控制了上海的英、法租界，听说新华公司也在这个时期为日本人所支配，张善琨就当了汉奸。可是他本人一直不承认这件事。他提出许多证据，说他当时受国民党重庆政府吴某的领导，在上海担任对敌情报工作。反正不管怎样，他曾经和日本人合作是不成问题的。日寇投降前夕，他全家离开上海，迁到浙江某地，为国民党的军队逮捕，不久又放了，他就跑到香港，极力拉拢国民党的一些要人，想恢复他经营娱乐场所、电影公司等买卖。他始终没能回上海，香港又耍不开，日见债台高筑，一筹莫展，而架子又放不下来，可以想见，他是十分苦恼。他年纪还轻，也不过四十来岁，前两年听说他死了。

　　像李祖永和张善琨这类人，都是想依靠帝国主义，依靠反动派，依靠流氓势力做投机买卖。在他们之间，也就是大虫吃细虫，一天到晚勾心斗角，不是讲狠就是献媚，此起彼伏，醉生梦死。过去上海在反动统治时期，这类人是最出风头的，今天到香港去，还可以见到不少。最可笑的是他们经常会摆出一副自命不凡的谱儿，令人作呕。这都是资本主义社会的产物，从他们的身上也就可以看出资本主义社会腐朽的面貌。我也不想多谈它了。

　　可是我们当时在"国统区"工作的时候，就是这些人，也不能不和他们打交道，利用他们，而又和他们分清界限，这也是一种斗争的策略。回想过去，越感觉到今天生活在新社会里，呼吸着清鲜的空气，心情无限愉快。

　　当我刚走出永华公司的大门，顾而已就来找我，说他打算凑点钱拍电影，公司的名称是"大光明"。他说这个公司的资本不多，都是自己人想法子集股来的。这公司是主张有计划的，要作长远打算的，并不像香港某些临时穷凑的"一片公司"——原来当时香港有一些演员（主要是粤剧演员和粤语电影演员）为着帮助解决生活问题，凑一点钱，胡乱弄一个剧本，借个摄影棚便拍起片子来。开拍后，钱不够或者有了变化，可能被迫停下来。有的勉强拍完，卖了拷贝，如果赚了钱，或者再来一个，或者就让领头的人痛快一下。赔了，当然大家倒霉，只好自认晦气。这样的电影公司有个名称就叫"一片公司"，因为拍一部片子就完事。这样的公司，即使能拍第二部片子，也得改一个公司名称。因为拍第一部片子和拍第二部片子，股本的来源不同，如果不改名称作为另一个组合，那就对上一次拍片的债权、债务（绝大多数只有债务）要负责，所以这些公司总是只拍一片就完。当时顾而已说明大光明影片公司不是"一片公司"，要我帮忙导演一个戏。他告诉我，剧本已经有了，剧名《野火春风》，是一位朋友写的故事梗概。我和而已是老朋友，也用不着十分细谈，我就买了一张帆布床，搬到大光明公司宿舍兼办事处的一间小屋子里，和他们一同说干就干起来了。

大光明公司虽不是"一片公司"的性质，可是拍完一部片子之后，想再来一部，无论是经济的周转，人员的调配，都得要有一个相当的时间重新布置。过了两三个月，我又接受了一部片子，就是《恋爱之道》。

这个戏原来也不是我写的，分幕和对话是我写的，在摄制中得到瞿白音的许多帮助；顾而已参加了演出，演的是反面人物张鸿昌，饰兰英的是舒绣文，饰家浩的是冯喆。此外，还有黎铿、黄宛苏、江韵辉等人。演员阵容还是强的。这个片子是在 1948 年 11 月开拍的，那时正是淮海战役解放军节节胜利，国民党迅速崩溃的时候。我们看到一个中国共产党领导的新中国就要诞生，因此对影片的销场问题毫无顾虑——香港出的片子在港、澳放映的收入是有限的，主要的市场还是内地的各大城市。还有就是把拷贝卖给南洋侨商，但在发行当中要受到重重剥削和种种限制。——当时认为中国广大地区解放了，有新、老解放区的广大人民作为基本观众，拍出片子来，就不靠港、澳，不靠南洋，也能维持（解放后，电影事业的盛况，在那时当然还看不到），更不怕国民党反动派可耻的审查，所以《恋爱之道》这部片子可以说是无拘无束地拍出来的。这部片子摄制的经费也是朋友们凑集的。公司的名称是南群影片公司。这个公司也和"大光明"一样，不是作为"一片公司"办的，但事实上这两个公司都只出过一部片子。一来资本有限，不能不走一步算一步；（二来是）主要是看着全中国就要解放了，没有继续用那种方式在香港拍片子的必要。许多人也就陆续回到了解放区。我当时曾经在特刊上写道："当这片子在观众面前放映的时候，一个新中国已经不是希望和理想，而是现实、铁的现实了！……我就以这片子送走这可诅咒的旧中国，迎接人民的新中国。"

当时我们在香港凑点钱拍电影，并不是为了要干这行生意，也不是为了要过瘾，而是要把香港的进步电影工作者团结起来，给予适当的安排和培养。这和在上海干戏、干电影是一个道理。当然摄影棚、机器、照明器材、布景等等设备全部是租用的。摄影棚是论天租的，照当时的行情，租用一天大约港币四五百元不等。如果一场戏要三天拍完，那就得花一千二到一千五百元。万一拍坏了要重拍，延长时间，就得增加场租，所以要求按照计划如期拍完，千万不宜返工。资本有限，又不是来自资本家，延长时间造成损失，于心不安，所以拍起片子来，特别是导演，精神、力量自然会高度集中，不用说，工作是十分紧张的。有时从下午三点起拍到第二天早上七点，达十六个小时，回到家里吃完早饭，睡不到几小时，又照样从下午三时起拍到第二天早上。我曾经是这样一连干过八个通宵，最后吃两片安眠药都睡不着。这样健康不能不受影响。从那时起，我的关节炎症就从小关节发展到大关节，行动越不方便。尽管如此，我的心情和大家一样是愉快的。当时我觉得比在永华公司闲着没事干，成天怄气好。

香港的摄影棚都设在九龙。这些摄影棚的老板们有时也自己拍片子，主要是靠把场子出租。作为每一组戏，拍一晚四百块算，两组戏就是八百块，每月所收的租金是很可观的。可是场子和设备都比较简陋，拍戏的为着要节约场租，就得争取时间，就不能不赶，熬夜当然不成问题。可是有时走进去一看，新刷的布景还没有干，有时一面用火去烘，一面找能拍的地方先拍，不让时间白费。眼看着一个一个钟头过去，真着急。如果那天晚上拖了一个尾巴没拍完，第二天再拍，就得多付一天的场租。拍声片最怕有杂音，可是那些摄影棚隔音的设备却不大好。忽而邻居的小孩子闹了，卡车经过了，要不就是教练机飞来飞去，毫无办法。所以在白天拍戏，就叫抢镜头。主要的工作都在深夜。过了午夜到四五点钟的时候最为疲乏，每拍完一个镜头，布景、灯光工人就个个东倒西歪。他们往往总是接连几个通宵那么赶，没有足够的睡眠。当他们爬到高处，我总是提醒他们别摔着。

南群公司本不打算只拍一部片子，可是《恋爱之道》拍完，在剪接期间，北京就解放了，许多朋友都陆续北上，这样的公司似乎也就没有继续存在的必要。根据新的形势，我国的电影事业在党的领导之下有了新的发展，像过去上海的电通公司，香港的新群公司就成了历史上过去的名词了。

《恋爱之道》可以说是我从事电影工作以来最后导演的一部片子。

1946 年夏，欧阳予倩与友人在上海合影。
前排左起：吴永刚、欧阳予倩、周扬、孟君谋、陈鲤庭，
后排左起：阳翰笙、周而复、田汉、辛汉文、马彦祥

1946 年 12 月 10 日，欧阳予倩随新中国剧社前往台湾，田汉、阳翰笙等人送行

1946 年 12 月 10 日，欧阳予倩（右一）与阳翰笙在上海码头

1947 年，欧阳予倩（左三）与金学成（左一）、熊佛西（左二）、于伶等人在上海

1947 年，欧阳予倩编剧、导演的话剧《桃花扇》在台湾上演，此为演出说明书

1947 年，欧阳予倩在台湾新生旅社前留影

1947 年，欧阳予倩在上海

1947 年，欧阳予倩在上海编剧、导演的《同命鸳鸯》
（《孔雀东南飞》）的演出说明书

1947 年，欧阳予倩（后排左二）与田汉、周信芳、于伶、高百岁、陈白尘等友人在上海

1947年，欧阳予倩（左一）与郭沫若父子合影

1947年，欧阳予倩与郭沫若、夏衍、叶以群、周贻白、舒绣文、陈歌辛、丁聪、韩北屏、李湄、沈宁等人在香港

1948年，欧阳予倩（左二）在香港与顾而已（左一）、周贻白（左四）、
顾仲彝（左三）合影

1948年6月，为庆贺《白毛女》在香港演出成功，欧阳予倩与友人在九龙清水湾
聚餐联欢。左起：陈歌辛、瞿白音、夏衍、丁聪、何香凝、洪遒、廖梦醒、欧阳予倩

1948 年，欧阳予倩与友人在香港浅水滩。
左起：瞿白音、田念萱、欧阳予倩

1948 年，舒绣文（左四）、顾而已（左二）等人在香港为
欧阳予倩（右二）庆祝六十大寿

1948 年，欧阳予倩在香港摄制
《野火春风》影片时留影

1948 年，欧阳予倩（一排左三）
为香港南群影业公司拍摄
《恋爱之道》时与剧组的合影

1948 年，欧阳予倩（一排右二）与《恋爱之道》剧组演职人员合影

芬芳桃李遍神州（1949—1962）

欧阳予倩在家中修改剧本

1949 年 9 月，欧阳予倩作为无党派民主人士参加第一届全国政治协商会议
前排左起：于力、马寅初、郭沫若、符定一、李达、张奚若
后排左起：丁西林、洪深、吴有训、王之相、欧阳予倩、周谷城

1949年10月21日，中央文化教育委员会成立，欧阳予倩（一排右一）与全体委员合影

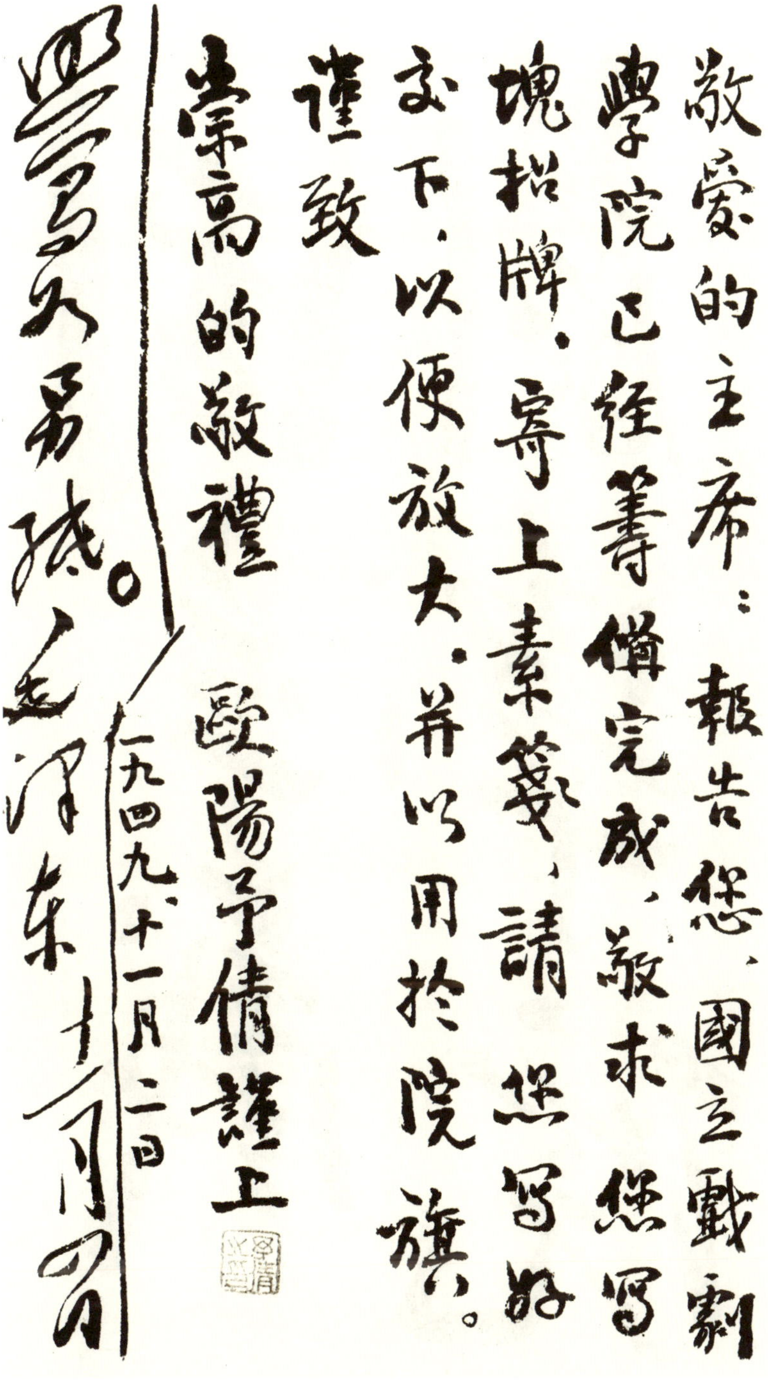

敬愛的主席：報告您、國立戲劇學院已經籌備完成、敬求您寫塊招牌、寄上素箋、請您寫好寄下、以便放大、并以用於院旗。

謹致

崇高的敬禮

歐陽予倩謹上

一九四九、十一月二日

照寫又寄還。

毛泽东 十一月四日

1949 年 11 月 2 日，欧阳予倩写给毛泽东主席的信及 11 月 4 日毛泽东主席的回复

1949 年 11 月 4 日，毛泽东主席为中央戏剧学院题写的校名

1949 年 11 月 21 日，国立戏剧学院（12 月更名为中央戏剧学院）
第一届普通科开课式教职员生合影纪念

1949 年，欧阳予倩（右）与田汉在北京

1950 年 4 月 2 日，欧阳予倩在中央戏剧学院成立典礼上讲话

1950 年 4 月 2 日，中央戏剧学院成立典礼会场

1950 年 4 月 2 日，中央
戏剧学院成立大会嘉宾，
右起：周扬、茅盾、郭沫若、
吴玉章、格拉西莫夫

1950 年 4 月 2 日，欧阳予倩在《戏剧通讯》创刊特大号上发表《序幕致词》

1950年9月，由欧阳予倩编剧、中央戏剧学院舞蹈团演出的舞剧《和平鸽》说明书

1950年9月，由欧阳予倩编写、中央戏剧学院舞蹈团演出的舞剧《和平鸽》全体演职员

1950 年，欧阳予倩在欢送赴东北参加抗美援朝同志大会上讲话

开国周年志感 *

政治协商会议胜利闭幕，中华人民共和国诞生。接着就是除台湾西藏外残敌全部肃清；把帝国主义者赶出了中国；全国铁道畅通；财经统一，物价稳定；组织灾民生产自救，并战胜了水旱虫灾；积极防汛开通水利，工业逐渐恢复，土地法公布，生产增加；城乡物资交流，贸易日见活泼，经济一天天趋于好转。这是震惊世界的大事。

中苏友好条约订立，中苏贸易协定、新疆石油公司合同等随着签字。东西两大国携手，七万万进步人民坚强团结，奠定了世界和平的基础，使帝国主义者仓皇失措，喘息彷徨。使我们的兄弟国家，兄弟民族，欢欣鼓舞；各殖民地国家的受难人民，慷慨振奋，格外发挥了智勇，坚强了信心。这又是世界史上空前的辉煌伟绩。

———

* 本文为欧阳予倩 1950 年所作，载于《胜利一周年——庆祝中华人民共和国开国一周年联合特刊》（《文艺报》《人民文学》《人民美术》《人民戏剧》《人民音乐》联合刊发，1950 年 10 月 1 日），标点有改动。

世界和平会中国分会成立，和平签名人数已超过了一万万，正向着二万万人的数目开展。

文艺界在全国文代会会师之后，各地方文联陆续相继成立，为工农兵的文艺方针更明确地执行，新的文艺运动蓬勃开展，确有信心地准备在经济建设高潮之后，迎接文化的高潮。

这一切，都说明了在中国共产党领导之下，四万万七千五百万人站起来了，正向着光明昌盛的路上迈进。中国已经不再是落后的国家，谁也不再敢把中国人民看成落后的人民。用我们的双手把握着绝对的保证把中国建设成一个自由康乐富强的国家。我们每一个人，从灵魂的深处，生长出欢悦、感激、兴奋与向上之心。

我想唱一首赞颂的歌，没有雄健优美的声音；我想写一篇诗，掌握不了那种壮美的韵律；我想编一个戏，无从表达那样伟大而丰富的主题。我想画一幅画，无从描绘那样鲜美而多样的色彩；写篇文章吧，又缺乏确切的词汇！

小孩子在母亲甜蜜的怀抱里是没有甚么多话的，在祖国的怀抱里何尝不是一样的心情？

只要能在热烈的斗争中爆一个火花，在革命的洪流中有点滴的贡献，也就心满意足了！还有比报效祖国更光荣的事吗？

目前的一切，处处都足以证明领导的正确。人民业绩的伟大为亘古所未有。更光明的前途，已在展望之中，为甚么也还有些人怀着疑虑呢？

天遭干旱，忽然倾盆大雨，半枯的禾苗又活了，农民们得救了。可是因为这场雨，可能就有身体虚弱的人生了病；可能就有年久失修的房子倒塌下来；能够为了这些就不要这场雨吗？

长年积累的垃圾堆，要清除它。当翻动的时候，可能很臭，可能翻出许多腐朽霉烂的脏东西。现有一个几千年的垃圾堆，能够为了怕脏怕臭就不加清除吗？

祖宗传给我们祖屋，经过强盗抢，经过不肖子弟的懒惰放任，又加之以拆卖毁坏，早就是屋穿墙倒，门破园荒，幸亏有争气的儿女，赶走了强盗，把祖屋接过来，一面修补，一面从新建造，他们日夜勤劳，省吃俭用，实事求是，兴家立业。荒芜的田园耕种起来了，失学的儿童得能读书，伤病的得到疗养，这还不是很显明的事吗？那些不肖子弟率性跟着强盗入伙，自不能容他们逍遥法外，但是还有些人不仅在艰难建设之中不帮着来挑一担土，运一口砖，只是袖手旁观，随便冷言冷语说怪话，有些便不着边际胡乱说些恭维的话，这都是很糟糕的。照我所了解的，都市方面这样的人相当多，而特工余孽，生事造谣，往往以摇摆分子为对象，暗中运用。在我们提高警惕加紧防范之下，这些人不可能怎么大的兴风作浪，但对于一般市民，对于旧知识分子，对出身富裕家庭的子弟们多方面的加强思想教育还是很必要的。

还有些"好心肠"的先生们，常说辛亥革命以来样样都是越搞越糟，耽心今后要是再搞不好就真不得了。这样的耽心是多余的。只要能从多方面体察人民伟大的力量，就不会有这样的耽心。人民由于共产党的领导能够赶走帝国主义者，推翻反动统治，也就能在任何艰苦的条件下建设自己新的国家。何况目前许多条件都是于我们有利的呢？我想告诉那些"好心肠"的先生们：你们还是多从正面认清人民的伟大，认清无产阶级的党，也就是人民的党的正确领导，全心全力为人民工作，自然就会安稳愉快，不至于有不必要的耽心。如果你们在思想上多转一个弯，你们就会多几年的落伍。

我们的国家经过八年抗日战争，三年解放战争，的确是受了很重的创伤。人民正要休养生息，要生产建设，决不要战争。但是帝国主义者万一有一天真发了疯胆敢向我们挑衅，我们也就会毫不犹豫，狠狠地回敬一拳。我们不要战争，但是战争丝毫威胁不了我们。帝国主义者所能利用的只是极少数的败类，在伟大的中国人民面前，他们不能不低下头来。

我个人从五四以来就渐渐地信仰共产主义，由朦胧的信念逐步趋于明确。但于实际斗争，所尽的力量真是微乎其微。这一年来学习了不少的东西，也读了一些文件，但好像小学生上大学，功课太重，消化不了，赶不上班。因此感觉到过去走了不少弯路，浪费了不少时间，不曾把全部身心投进火热的斗争中去，不曾绝对坚定工农兵的立场，以致今天还不能放下小资产阶级的包袱。我是个自由职业者，生平以演戏、编戏、导演戏自活，自从接受了革命的号召，——尤其是这一年来，参加了些实际工作，一篇伟大的革命的史诗的每一个字，每一个旋律，每一个节奏，深深地印在心上，不知不觉忘了自己的年龄，想进一步要求自己，希望朋友们多给我策励！

1951年1月7日，欧阳予倩（四排左十一）、张庚（四排左十二）等学院教师与中央戏剧学院普通科毕业生徐晚钟（后排右五）、祝肇年（五排右六）等人合影

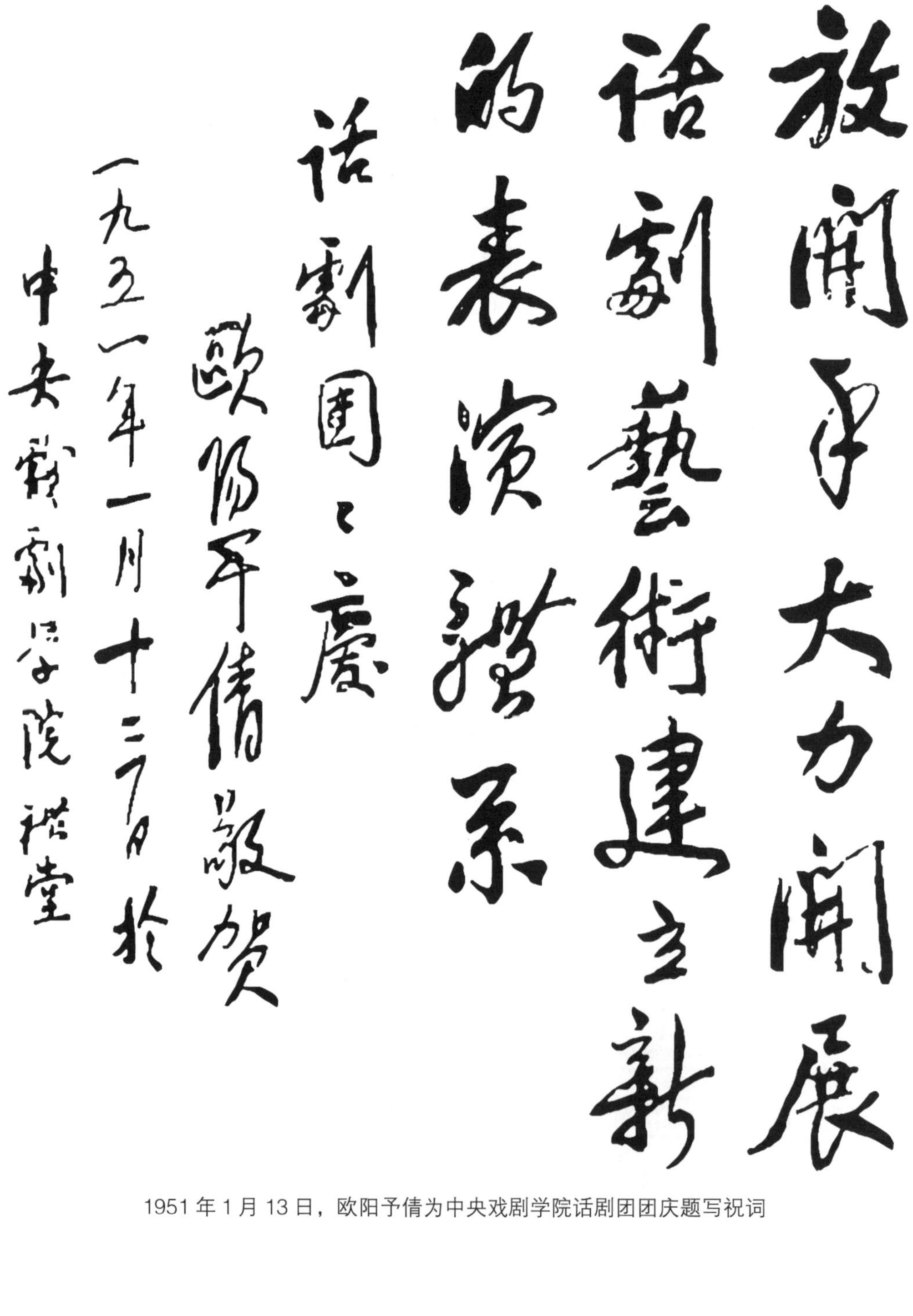

放開手大力開展話劇藝術建立新的表演體系

話劇團之慶

欧阳予倩敬賀

一九五一年一月十三日於

中央戲劇學院禮堂

1951 年 1 月 13 日，欧阳予倩为中央戏剧学院话剧团团庆题写祝词

1951 年，欧阳予倩在中央戏剧学院舞运班的茶话会上讲话

20 世纪 50 年代初，欧阳予倩（三排左十）、张庚（三排左九）、
光未然（三排左十二）等与中央戏剧学院师生合影

1951年7月，欧阳予倩（三排坐者左八）、张庚（三排坐者左七）、光未然（三排坐者左六）与中央戏剧学院淮河文工团团员熊焰（三排坐者左十）等人合影

1951 年，欧阳予倩（右）与好友徐悲鸿合影

1951 年，欧阳予倩（右一）、夏衍（左一）等人与苏联友人

1951 年，欧阳予倩（一排左二）与夏衍（一排左五）等访问苏联，
一同参加莫斯科近郊某工厂举行的中国文学座谈会

以社会主义现
实主义的戏剧
为人民服务

欧阳予倩
一九五二年
除夕

1952 年除夕，欧阳予倩为中央戏剧学院学生题词

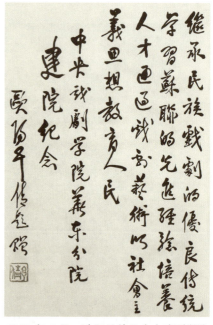

继承民族戏剧的优良传统
学习苏联的先进经验培养
人才匣造戏剧艺术以社会主
义思想教育人民
中央戏剧学院华东分院
建院纪念
欧阳予倩题院

1953 年 1 月，欧阳予倩为中央戏剧学院
华东分院（现上海戏剧学院）成立
题写的贺词

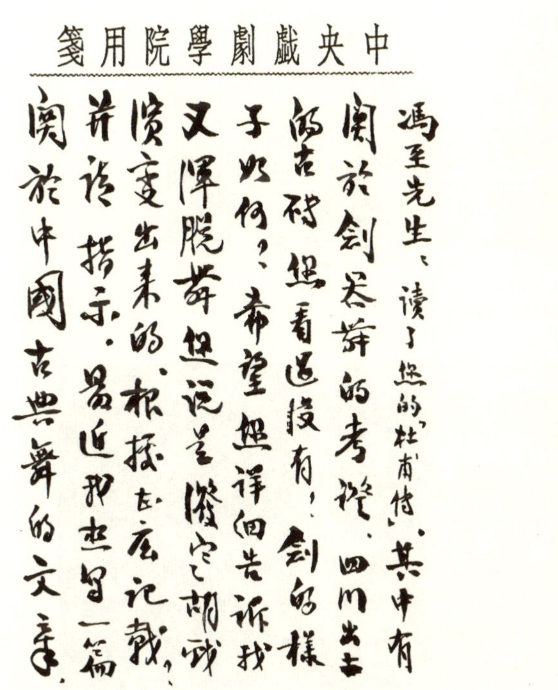

冯至先生、读了您的"杜甫传"其中有
关於剑器舞的考证，四川出土
的古砖您看过没有？剑的样
子以何？希望您详细告诉我
又浑脱舞您说是波寒胡戏演变
出来的，根据甚么记载？并请指示。最近我想写一篇
关於中国古典舞的文章

欧阳予倩寄冯至问"剑器浑脱舞"信笺二页（1952.12.11）

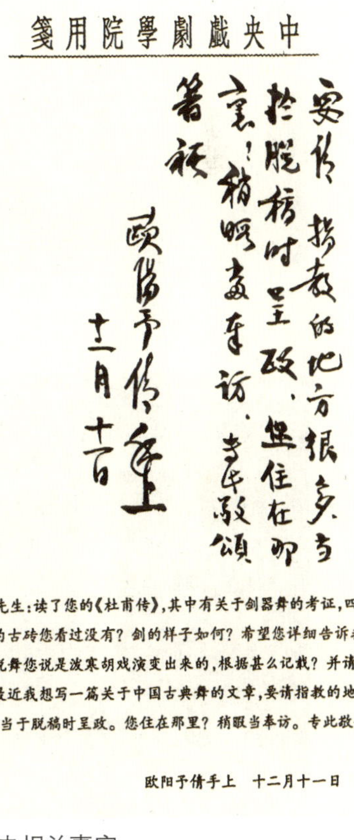

要请指教的地方很多
当于脱稿时呈政。您住在那
里？稍暇当奉访。专此敬颂
著祺

欧阳予倩手上
十二月十一日

冯至先生：读了您的《杜甫传》，其中有关于剑器舞的考证，四川
出土的古砖您看过没有？剑的样子如何？希望您详细告诉我。
又浑脱舞您说是波寒胡戏演变出来的，根据甚么记载？并请指
示。最近我想写一篇关于中国古典舞的文章，要请指教的地方
很多，当于脱稿时呈政。您住在那里？稍暇当奉访。专此敬颂
著祺

欧阳予倩手上　十二月十一日

1952 年 12 月 11 日，欧阳予倩致信冯至询问舞蹈史相关事宜

1952 年 8 月 23 日，欧阳予倩（右一）与齐白石、梅兰芳和叶恭绰

1952 年 11 月 10 日，欧阳予倩（一排左四）、刘韵秋（一排左五）与中南区参加全国戏曲
观摩大会的成员们合影

1953 年 9 月 1 日，欧阳予倩院长在中央戏剧学院第一届本科开学典礼大会上讲话

1953 年 9 月，中国文联第二次代表大会期间，欧阳予倩（左二）与友人合影，
左三起：陈沂、老舍、华君武、程砚秋

1954 年 5 月，欧阳予倩（一排右二）、叶圣陶（一排左二）、俞平伯（一排左三）、齐白石（一排左六）、曹靖华（一排左七）、茅盾（一排左九）、郑振铎（一排左十）、老舍（一排右一）、刘开渠（二排左一）、曹禺（二排左二）、胡风（二排左七）、周扬（二排左八）、周信芳（二排右三）、吴作人（二排右二）、吴祖光（二排右一）参加全国政协全委会组织的宪法草案（初稿）座谈会第十组时的合影

1954 年 5 月，欧阳予倩与刘韵秋结婚 48 周年纪念合影

1954 年，中央戏剧学院欧阳予倩（左一）、李伯钊（中）、曹禺当选为
第一届全国人大代表

1954 年 9 月 30 日，欧阳予倩（三排左二）参加第一届全国人民代表大会，
与第一次会议湖南省代表团合影

1954 年，欧阳予倩与苏联专家列斯里（右）的合影

1954 年，中央戏剧学院在文化部举办的运动会上获得团体总分第三名，欧阳予倩等
与学生代表合影，二排左起：白鹰、欧阳予倩、沙可夫、孙维世、李伯钊、列斯里

1955 年 1 月，欧阳予倩（立者）、曹禺（右一）在中央戏剧学院表演干部训练班
开班典礼上

1955 年，欧阳予倩题写名称的日本杂志
《老朋友》

1955 年 10 月 5 日，市川猿之助为座长的歌舞伎剧团
在北京政协大礼堂首演。欧阳予倩观看演出后与
歌舞伎演员中村翫右卫门（左一）、芭蕾舞演员
松山树子（左二）、剧作家木下顺二（右一）合影

1955 年，欧阳予倩（二排中）、刘韵秋（一排左一）、
李伯钊（一排左三）与苏联专家夫人合影

1955 年，欧阳予倩排演《人面桃花》时与演员的合影，前排左起：孙光言、朱萍、郭焕贞；
后排左起：张雯英、董锡玖、欧阳予倩、李正一、顾以庄、叶宁

1955 年秋，欧阳予倩欢迎苏联卓娅妈妈来中央戏剧学院作报告

1955年，欧阳予倩等人观看中央戏剧学院表演干部训练班排演《暴风骤雨》后集体合影，

前排左二起：吕复、曹禺、孙维世、列斯里、科扎基娜（列斯里夫人）、欧阳予倩、库里涅夫、丹尼、沙可夫、白鹰，此外还有表演干部训练班学员于蓝（二排右一）、田华（二排右三）、方掬芬（二排左五）、蓝天野（后排左三）等人

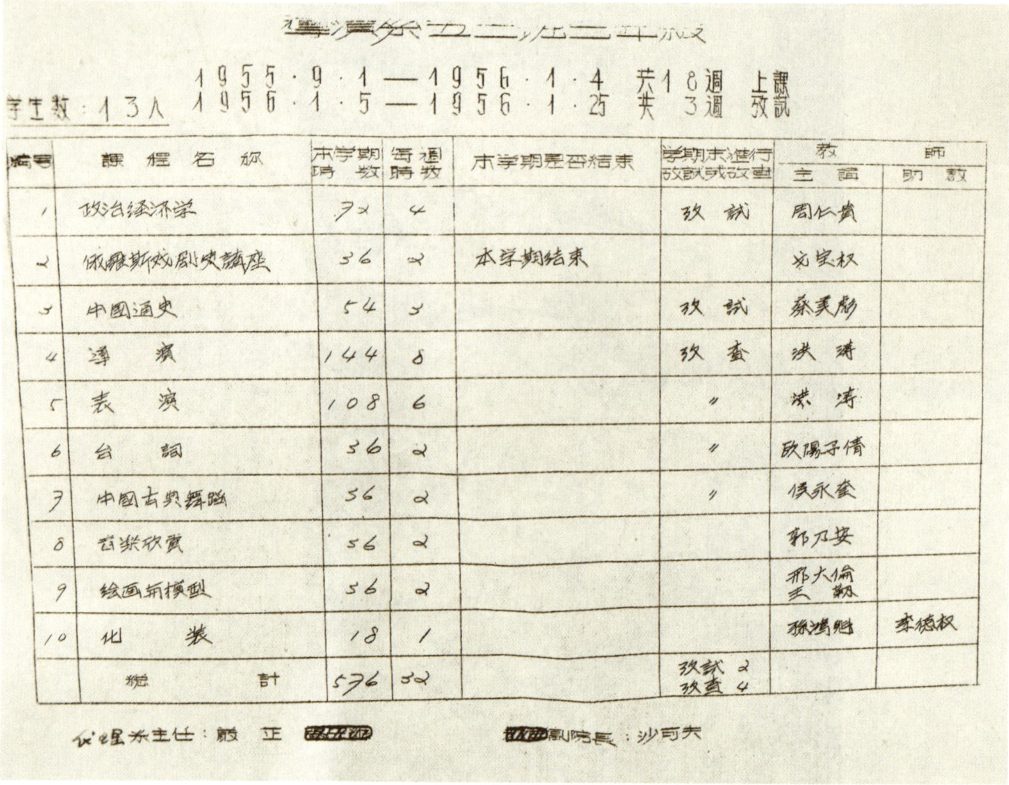

導演系五三/五三年級

學生數：13人　1955·9·1—1956·1·4 共18週 上課
1956·1·5—1956·1·25 共 3週 考試

編号	課程名称	本学期時数	每週時数	本学期是否結束	学期末進行考試或考查	教師 主講	教師 助教
1	政治经济学	72	4		考試	周仁贵	
2	俄羅斯戏剧史講座	36	2	本学期结束		刘宝权	
3	中國通史	54	3		考試	蔡美彪	
4	導演	144	8		考查	洪涛	
5	表演	108	6		〃	洪涛	
6	台詞	36	2		〃	欧陽予倩	
7	中國古典舞蹈	36	2		〃	侯永奎	
8	音樂欣賞	36	2			郭乃安	
9	绘画与模型	36	2			邢大倫 王郑	
10	化装	18	1			孫鴻魁	李德权
	總計	576	32		考試 2 考查 4		

代理系主任：顧正 [redacted]　[redacted]副院長：沙可夫

1955—1956 学年第一学期，中央戏剧学院导演系课表，欧阳予倩担任台词课教师

1955 年，欧阳予倩与日本电影导演牛原虚彦（左）合影

1955年，欧阳予倩在导演干部训练班结业答辩会上

答辩学生对面左二起：孙维世、列斯里、曹禺、欧阳子倩、沙可夫

歐陽予倩、劉仙洲等光榮加入中國共產黨

北京今年有些優秀的高等學校的校長、院長和教授，光榮地參加了中國共產黨。

中央戲劇學院院長、著名戲劇家歐陽予倩是今年六月光榮地被批准加入中國共產黨的。他，今年六十六歲，一九五四年當選從一九五〇光任中央戲劇學院的院長。他過去長期在中國共產黨為了全國人民代表大會代表，堅持進行進步的文化藝術活動，對黨所領導的思想改造運動、教育改革工作和社會活動，在實踐中認識了社會發展規律和黨的偉大事業。他認真學習馬克思列寧主義，提高了對共產主義的認識。他在教治的錯誤思想中，堅決貫徹執行黨的方針，密切聯系群眾。一九五四年二月，他正式向黨提出入黨申請，經過黨組織的審查以後被接收在今年十月社會主義革命三十八周年紀念日被接收入黨。

他對黨領導劇事業上有一定貢獻，對黨的認識有了更深刻的認識的。他積極擁護黨的各項政策，他對黨的追求是追切的，他的入黨要求實現了。

全國人民代表大會代表、清華大學副校長、著名機械工程學家劉仙洲教授是最近被批准入黨的。他今年六十五歲，從事教育事業已有三十多年了，早年是同盟會會員，曾參加過辛亥革命。一九四九年北京解放後，參加黨的一級表現積極負責。在中央戲劇學院的領導工作中，階一貫表現積極負責，並且積極學習馬克思列寧主義理論，對黨的認識有了更深刻的解放後的認識。

北京解放後，他表現積極一貫，表現更清楚的認識，幾年來他對黨的追求是追切的。

今年光榮地被批准入黨的還有中央美術學院教授、版畫家李樺，原北京大學哲學系教授胡世華（現任中國科學院數學研究所研究員）以及北京工業學院化工系副教授丁儆，北京醫學院副教授、中國人民大學勞動病理教研室科教研組主任李秀琴，經濟教研室副教授袁方等。他們都是解放後親身參加了黨領導的一些社會改革運動，對黨的政策和黨的事業有了比較深刻的認識和体會，積極申請入黨的，經過黨組織的審查以後被接收入黨的。

全國大中城市乒乓球聯賽
天津上海武漢三個競賽區的比賽開始

一九五五年全國大、中城市乒乓球聯賽天津、上海、武漢三個競賽區的比賽大會，在二十二日和二十三日先後開幕。在第一階段比賽天津一階段比賽天津、上海、武漢三個競賽區的比賽。在北京舉行的第二階段比賽。比賽結束後，將選出優秀男女乒乓球運動員，在北京舉行的第二階段比賽。

參加天津競賽區比賽的有北京、天津、太原、呼和浩特、瀋陽、長春、哈爾濱、青島、烏魯木齊九個城市和黑龍江、河北兩省的五十二名運動員。這些運動員中有工人、學生、教師和機關工作人員等。

他們大部分是新成長起來的優秀的乒乓球運動員。參加上海競賽區比賽的有上海、濟南、杭州、福州、廈門、南京、蘇州、無錫、常州、徐州、新海連十一個城市的男女運動員四十八。參加武漢競賽區比賽的有武漢、重慶、成都、西安、廣州、長沙、南昌、鄭州、南寧、柳州和石岐、佛山十二個城市的四十六名男女運動員。這些運動員都是從當地的乒乓球比賽中選拔出來的。他們當中有工人、學生和少年先鋒隊隊員。

（據新華社訊）

1955 年 11 月 26 日，《人民日报》关于欧阳予倩入党的报道

我的思想汇报 *

欧阳予倩 1889 年生，1960 年七十一岁。1955 年 4 月 9 日入党。解放以前，我虽有一个相当长的时间和中共地下党员一同工作过，对共产主义虽没有深刻的认识，却有向往之情。因在反动统治之下，一生多遭苦难，所以对解放后的成绩看得比较清楚。1932 年我曾说过：只有共产党可以救中国。1939 年我赠夏衍同志的诗，有"对酒朋侪存共信，含沙魑魅枉相猜"之句，也可见我对党的向往，对国民党的憎恨。我是诚心愿意跟党走的。

我于 1952 年申请入党。1953 年夏末秋初，李伯钊同志来告诉我，中央已经批准了我的申请。周扬同志也来告诉我。那时我在病中，听了感动得泪如雨下，许久不能说话。我所怕的是年老体衰辜负了党的培养。1954 春开文代会，我参加过党员大会。此后不久，就说统战部不同意我加入组织，直到 1955 年 4 月才正式由中央戏剧学院教务部支部讨论通过。经中央批准，

* 　本文为欧阳予倩 1960 年 1 月 24 日所写，标题为编者拟定，全文为首次公开，杨乐根据欧阳予倩手稿（现藏中央戏剧学院）整理，标点有改动，部分内容有删节。

我的党龄从 1955 年 4 月 9 日算起。当统战部不同意我加入组织的时候，我情绪毫无波动，我以为：只有听党分配，才是一个共产主义者应有的态度。党吸收一个党员应当反复考查。党认为我在党外比较好，我就做一个非党布尔什维克，党几时说我可以做党员，我就加入组织。

土改时，我因关节炎没能参加。有人说土改有偏差。我说："大旱望云霓，忽倾盆大雨，枯苗顿苏，群众喜悦，很可能有身体虚弱的着了寒，但不能为他们而说雨下得不好。"

五一年整风我参加了，这是第一次参加整风运动。

"三反"我积极参加了。我对贪污、浪费和盗探情报、投机倒把是深恶痛恨的。但当时并不理解"三反""五反"是改造工商业、消灭阶级的严肃斗争。

发动群众搞肃反运动，我认为是完全正确的，不然反革命易于漏网，也容易冤枉好人。

解放以来，无论从那方面看，成绩是伟大的。1957 年 2 月开宣传会议，我在小组和大会上的发言，首先肯定了文化教育艺术各方面的成绩。我反对那些夸大缺点，抹煞一切的论调。就在 1956 年中央戏剧学院也有些人抹煞成绩，只见一团漆黑，我和他们作过斗争。

1957 整风反右开始，我只参加过一个开头就到无锡疗养院去了四十几天；7 月 25 日回京后，又于 8 月 3 日到小汤山休养，于 9 月 20 日回城。在运动当中，我没有首当其冲，右派向党进攻，我真愤慨。但我的态度远不如工人农民那样尖锐、鲜明而强烈。于此可见小资产阶级的软弱根性。

对统购统销我没有怀疑，我懂得：如果没有统购统销，工业用粮和商品粮的供应都不能保证。粮食价格不能稳定也就影响物价，影响国民经济，为害无穷。地富反坏也就容易钻空子，兴风作浪。我是拥护统购统销的。但在青黄不接的时候，我听到有些方面反应〔映〕农村粮食紧张。我曾想可能农村干部有的追求节约数字便把口粮留少了。我没经过调查研究，想象而已。同时我觉得过去在反动统治下，农村破产，我国一向依靠美麦、西贡米、暹罗米。解放后，粮食完全自给，还要有工业用粮，节约粮食极为必要，还必需有储备粮以防万一。粮食若不能大量增产，则供应不可能不有一定程度的限制。1958 年大丰收。1959（年）春夏之交，有我学院许多同志经徐水、安国、平山回来，谈到这几处粮食供应十分紧张，我听了有些惶惑。当时虽和张卫华同志谈及。我想：当青黄不接的时候，国家是否能以借给的方式调拨一些粮食？后来我听到：当地的领导同志说可以自己解决，不要国家调拨粮食。过了两个月麦子登场，也就好了。因此我把新华社的报告又读了一遍，使我感动，但我对生产与分配，积累与消费的问题，始终缺乏感性知识，不具体谈了。很想下去学习一下，困于关节炎行动不便，极为遗憾。

我对总路线是拥护的。要摆脱一穷二白的境地，必需急起直追。速度和质量都是异常重要的。要以量变促进质变。我对"多快好省"是否有矛盾，矛盾如何统一，曾经反复深思过，也和朋友们交换过意见。以演出一个戏为例，我认为多快好省四者俱全是可能的，可以努力办到的。不同性质的事物多快好省可以各色各样的形式表现出来。

大跃进当中，我在学院和剧协都曾提过劳逸安排。我认为劳逸安排就是为了更好的跃进。我不同意提了劳逸安排就会造成马鞍形的说法。

人民公社运动一开始我就到通州区宋庄公社去参观一天，后来又同人民代表到周口店长沟人民公社去看了。整社以后，去参观了小汤山的人民公社。一次比一次不同，每次都感觉有惊人的进展。当各处搞九包十八化，通州区拆掉三万个炕的时候，我感觉某些做法有点过火，很快就纠正了。但对人民公社尽管没有深刻的认识，都没有丝毫反感。因为我听过有些领导同志的谈话和传达报告，对公社和高级社的区别有些了解。我自己也对成立公社的问题反复思考过，对公社的优越性多多少少有些认识。最使我感动的是党对公社的领导。我读了《关于人民公社若干问题的决议》，又听了七中全会决议的传达——我是在艺术局党组扩大会上听到的，当时我很兴奋。我不觉站起来说："天下事大定矣！"我觉得在党的正确领导之下，公社是一定会成功的。公社逐渐巩固，革命又进入一个新的阶段。

关于群众炼钢，我是拥护的。我在人民代表（大）会小组会上听到钢业家说过：建设一个钢铁基地至少要十年。当时只有一个鞍钢，包钢还在探测。我心里想：我国钢的生产很难追上工业先进国，岂不要长期落后？后来听了李富春同志对人大代表和政协委员一次报告，谈到大中小相结合，土洋相结合，我觉得非常好。这个报告后来帮助了对全民炼钢的理解。全民炼钢不仅炼人，炼钢设备需要钢，1070 的数字 [①] 如果不能达到，就不能为 1959 年的 1200 万吨准备条件。我是这样理解的。我参观了一下各单位炼钢的情

---

① "1070 的数字"指的是 1958 年 8 月，中共中央政治局扩大会议提出的号召全党全国人民为生产 1070 万吨钢铁而奋斗的目标。

形，当时我的看法是：就一个小单位看不合算，从国家的利益看是合算的，是必要的措施。

教育与生产劳动相结合的方针我拥护，但在开始的时候，中央戏剧学院办水泥厂、硫酸氩厂、地毯厂等三个厂我不能理解。我为着群众的热情同意了试办。最初我担心课外劳动过多影响教学质量。事实证明，两年以来，正因为贯彻了教育为无产阶级政治服务、教学与生产劳动相结合的方针，教学质量有很大的提高。可见最初我的思想还不免有些右倾保守。

人人写诗的号召，我是不以为然的。当时中学生、小学生，甚至幼儿园的大班生都要写诗；要工人工作时想诗，休息时写诗。我觉得大可不必，而且有妨碍。后来在中宣部听了林默涵同志的谈话，他首先肯定了群众文化运动巨大的成绩；同时谈到号召人人写诗，人人演戏，可能妨碍生产；要转，要转得好，还要继续开展群众文化运动。这次谈话后不久，这样局部的偏差、暂时的错误就不落痕迹地纠正了。而群众文化运动得到更正确的发展方式。这对我也是上了一次深刻的党课，这我才知道应如何全面考虑问题。

当我被任命为中央戏剧学院院长时，我感觉我的学识经验都不相称。但我决心努力学习，表示我要全心全意把工作担负起来。现在看起来，我并没有全心全意地把工作做好。甚至有些时候还不免袖手旁观。我有十来个兼职，社会活动也较多；加之年纪愈大，精力愈减；客观情况尽管如此，主观的努力十分不够。作为学院的一个领导干部，是失职的。

我对工作，对新事物，始终还能保持一定高度的热情。我也很少偷懒。就在病中我也很少停止工作。但我的章法很乱，东抓一把西抓一把，以致都做了都没做好。我似乎懂得东西多，但少专精，样样都懂得不够深透。尽管不偷懒，用力分散，成就甚微，因此对党的事业没有稍有价值的贡献。今后当利用余年，集中精力做一些科学研究工作。

十年以来，得到党的直接培养，学到了不少东西，自己觉得较之过去有很大的进步。但对马克思列宁主义、毛泽东同志的思想缺乏系统深入的学习。这是很难原恕的缺点。今后应当加以痛改，从新好好学习。进一步端正立场，改造思想，建立并巩固无产阶级世界观。

这次整风学习，比过去许多次的运动更为深刻。我参加党内两条路线的斗争可以说这是第一次。丁陈反党还没有使我像这一次的震惊。我听到许多位老同志的检查，深刻的自我批评、诚恳的相互批评，都使我感动。受了一次深刻的阶级教育，收获之大，将影响一生。

最后我想补充一点：我对领袖的看法。我曾经写过一首诗。题目是《天安门前》。诗曰："万众一心，高呼万岁。波澜壮阔，气势豪雄！仰止景行，齐歌盛德。只因他，在我们当中，我们心中。万岁！共产党！万岁！毛泽东！普天同庆东方红！"

我的文艺思想表现在文字方面的有近七年来所写的一些艺术评论。平均每年约写了十万字，作家出版社选了三十篇，印了一本书。[①] 只因理论水平过低，浅陋和错误当然难免。表现在工作当中的就是对剧目的审定不能坚持政治思想原则。有的戏我不喜欢，或者认为有问题，但不能及时明确指出。

---

① 指《一得余抄》。

例如对《洞箫横吹》《同甘共苦》，这两个戏分明不健康，我看了不满意，但当时指不出原则性的错误，又没有深入讨论。随便因循放任，这也就是思想右倾的表现。

我是从旧社会来的，过去受过封建阶级和资产阶级的教育。在思想意识和习惯方面，虽努力改造，总不免还有许多乱的残余。对自己也不会一下就认识得很清楚，这次的检查也只是初步，希望更好地学习马列主义、毛泽东思想，进一步获得思想改造，真正成为一个无产阶级战士。

1960 年 1 月 24 日

1956 年，导演干部训练班演出《一仆二主》后合影
二排左八起：熊佛西、欧阳予倩、列斯里、钱俊瑞、孙维世、沙可夫、李伯钊、曹禺

1956 年，欧阳予倩（左二）、曹禺（左一）、孙维世（左三）送别苏联专家列斯里
回国时的合影

1956 年 3 月，欧阳予倩与访问中央戏剧学院的苏联、民主德国等十二国
艺术家合影

1956 年 4 月 18 日，欧阳予倩、田汉、梅兰芳等人与浙昆《十五贯》剧组
主要演员合影，前排左起：包传铎、刘韵秋、张娴、朱国梁、孙维世、梅兰芳，
后排左起：田汉、周传瑛、欧阳予倩、龚祥甫、陈守川、王传淞

1956 年 4 月 19 日，欧阳予倩参加中国戏剧家协会常务理事会第四次（扩大）会议

1956 年 4 月 25 日，
欧阳予倩致信梅兰芳
请求为日本中国戏剧
研究会题字

1956 年 5 月，欧阳予倩（一排左二）、
梅兰芳（一排左三）等中国访日京剧代表团成员
到达日本东京羽田机场

1956年5月，中国访日京剧代表团团长梅兰芳、第一副团长兼总导演欧阳予倩
到达东京时，日中文化交流协会会长片山哲（与梅兰芳握手者）在机场欢迎代表团

1956年5月，东京华侨总会举行酒会，欢迎从祖国到日本访问的中国京剧代表团

1956 年 6 月 4 日上午，欧阳予倩、梅兰芳等人访问日本议事堂

1956 年 6 月 4 日下午，欧阳予倩
与梅兰芳前往日本早稻田大学演剧
博物馆观看展览，博物馆馆长
河竹繁俊（右）陪同

1956 年 6 月 4 日下午，欧阳予倩在日本早稻田大学观看展览

1956 年，欧阳予倩在日本发表演讲，左为翻译苏琦

1956 年，欧阳予倩（左）与梅兰芳在日中文化交流协会题字留念

1956 年，欧阳予倩与梅兰芳共同题写
"中日学术界携起手来"

1956 年 6 月中旬，欧阳予倩为《老朋友》
杂志题诗

1956年6月13日，访日京剧代表团在福冈县八幡市八幡制铁制体育场演出《将相和》《拾玉镯》《三岔口》《雁荡山》《贵妃醉酒》，观众达六千余人

1956 年 6 月 22 日，欧阳予倩与日本歌舞伎
演员西川鲤三郎会面并讨论戏剧

1956 年，欧阳予倩（左五）与日本导演千田是也（左三）及其夫人
岸辉子（左四）会面，李少春（左一）、袁世海（右二）等人陪同

1956年，欧阳予倩（左二）、梅兰芳（左一）、孙平化（立者左一）等在日本

1956年，欧阳予倩等人访问日本松山树子芭蕾团

1956 年，欧阳予倩等人观摩李少春表演《兰陵王》后合影

1956 年，欧阳予倩、田汉等人与进京演出的红线女等人合影，
一排左起：郎筠玉、红线女、安娥、马师曾，
二排左起：朱慕湛、文觉非、华嘉、田汉、欧阳予倩，
三排左起：陈笑风、曾三多、安宁婴、吕玉郎

1956 年 9 月 30 日，中国对外文协设宴招待日本文化人士访华团，
欧阳予倩与访华团团长、音乐家田边尚雄合影

1956 年 10 月 8 日，欧阳予倩、陈锦清（右一）与日本舞蹈家石井漠（左一）座谈

1956 年冬，欧阳予倩（二排左二）、刘韵秋（一排左一）夫妇在上海与瞿白音（二排右一）、
田念萱（二排右二）夫妇等人合影

举办話剧运动五十年紀念及搜集整理
話剧运动史資料出版話剧史料集的建議

　　中国的話剧运动一开始就与政治运动結合着。中国共产党成立以来，这一运动一直在党的关怀和指导之下进行。五十年来經过了对反动势力極其艰巨而复杂的斗争，有許多参加者甚至付出了生命的代价。由此奠定了話剧艺术的基础。幷且在文化战綫上取得了輝煌的胜利。为社会主义上層建筑，戏剧艺术方面，創造了有利条件，开辟了广闊的道路。我們必須珍爱幷繼承話剧运动一貫的战斗傳統。我們郑重地向剧协主席团建議举办話剧运动五十年紀念，它的斗争史实应加以搜集整理和研究，决不能听其湮沒。請求召集从事話剧运动的同志們、朋友們，参加、支持这一紀念活动。搜集整理现存的資料，幷抽出时間来写自己的回忆录。編輯出版話剧运动史料集，幷希望能在本年內出版第一集。

　　第一，保存有資料的同志，希望能充分供給資料，不管圖片、說明書、宣傳品、批評文字、剧本、幕表、伪政府的禁令或审查制度等类資料都很重要。

　　第二，有系統的叙述或片断的回忆录都欢迎，如果来不及写成系統的叙述，就希望尽先把回忆录写出来。

　　第三，有許多事情当时沒有記录，事过境迁，不免遺忘，有的或者一时想不起来，也可能有記錯的地方，不妨尽可能把想得起来的先写，想不起来的存疑或由別人补充。

　　第四，創作、演出的政治效果、艺术成就以及斗争方式等等都可涉及。叙述务求真实朴素，避免夸張粉飾，使資料成为信史的基础。

　　第五，我們建議成立一个編委会，还应当有一个專职的編輯部。人員可由中央戏剧学院、中国戏曲研究院和各話剧院临时选聘。

签名　夏衍　田汉　欧阳予倩　阳翰笙

一九五七年一月

1957年1月，夏衍、田汉、欧阳予倩、阳翰笙提出举办话剧运动五十年纪念及搜集整理话剧运动史料出版话剧史料集的建议

1957 年,《中国话剧运动五十年史料集》编辑委员及工作人员在欧阳予倩家门前合影，前排左起：凤子、李伯钊、欧阳予倩、田汉；中排左二起：张庚、夏衍、阳翰笙；后排左起：葛一虹、赵寻、陈白尘

1957 年,《中国话剧运动五十年史料集》编辑委员会在欧阳予倩家中开会

1957 年，欧阳予倩编剧的《潘金莲》与田汉编剧的《名优之死》
共同在北京人民艺术剧院演出时的说明书

1957 年，欧阳予倩在家中书房

1957 年，欧阳予倩为中央戏剧学院实验话剧院
导演《桃花扇》的演出说明书

1957 年，欧阳予倩全家合影

1957 年，日本民艺新剧访华使节团访问中国并拜访欧阳予倩，后排左起：欧阳敬如、刘韵秋、
欧阳予倩、土方与志、孙维世、冈仓士郎、苏琦、金山，前排左起：田钢、田元、真山美保

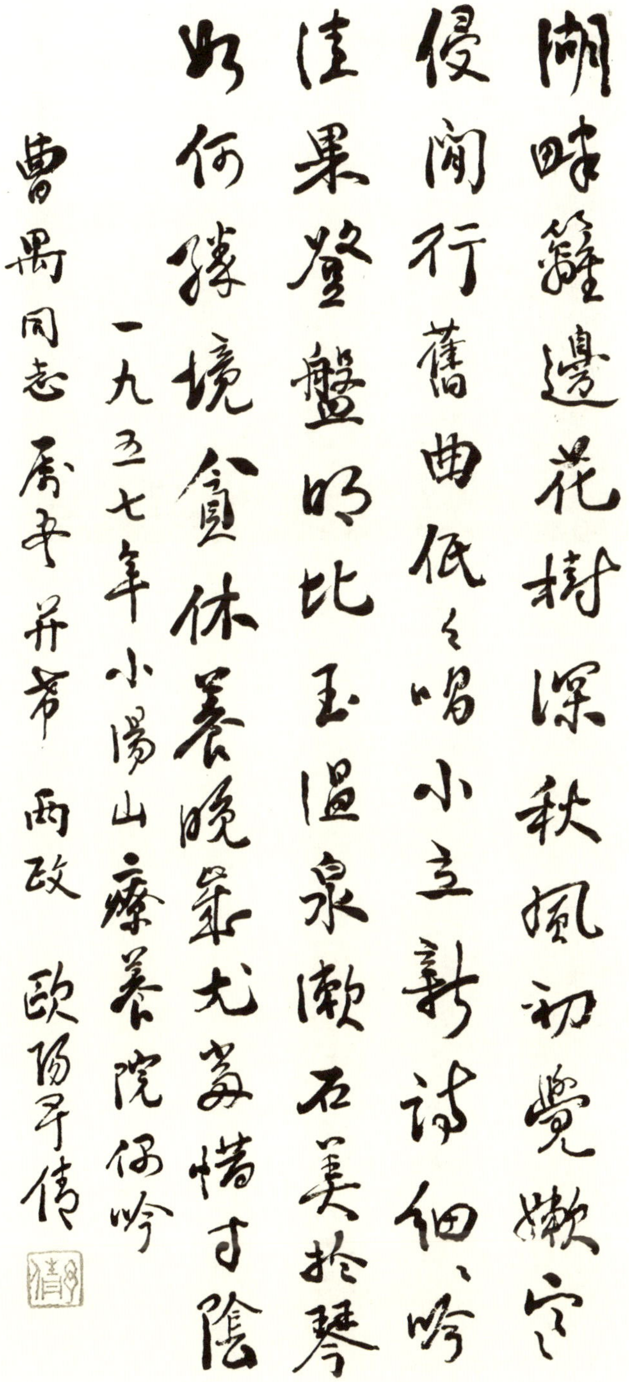

湖畔簷邊花樹深　秋風初覺嫩寒侵
閒行舊曲低低唱　小立新詩細細吟
佳果登盤明比玉　溫泉漱石羨於琴
明何處境貪休養　晚氣尤多惜寸陰

曹禺同志屬丙申开幕兩政　欧阳予倩

一九五七年小陽山療養院偶吟

1957 年，欧阳予倩给曹禺的赠诗

20 世纪 50 年代，欧阳予倩（一排中）与田汉（一排左）、梅兰芳（一排右）、马少波（二排右）等人在家中合影

1958 年 3 月 5 日，欧阳予倩
《不能听任不合理的事继续下去！》手稿

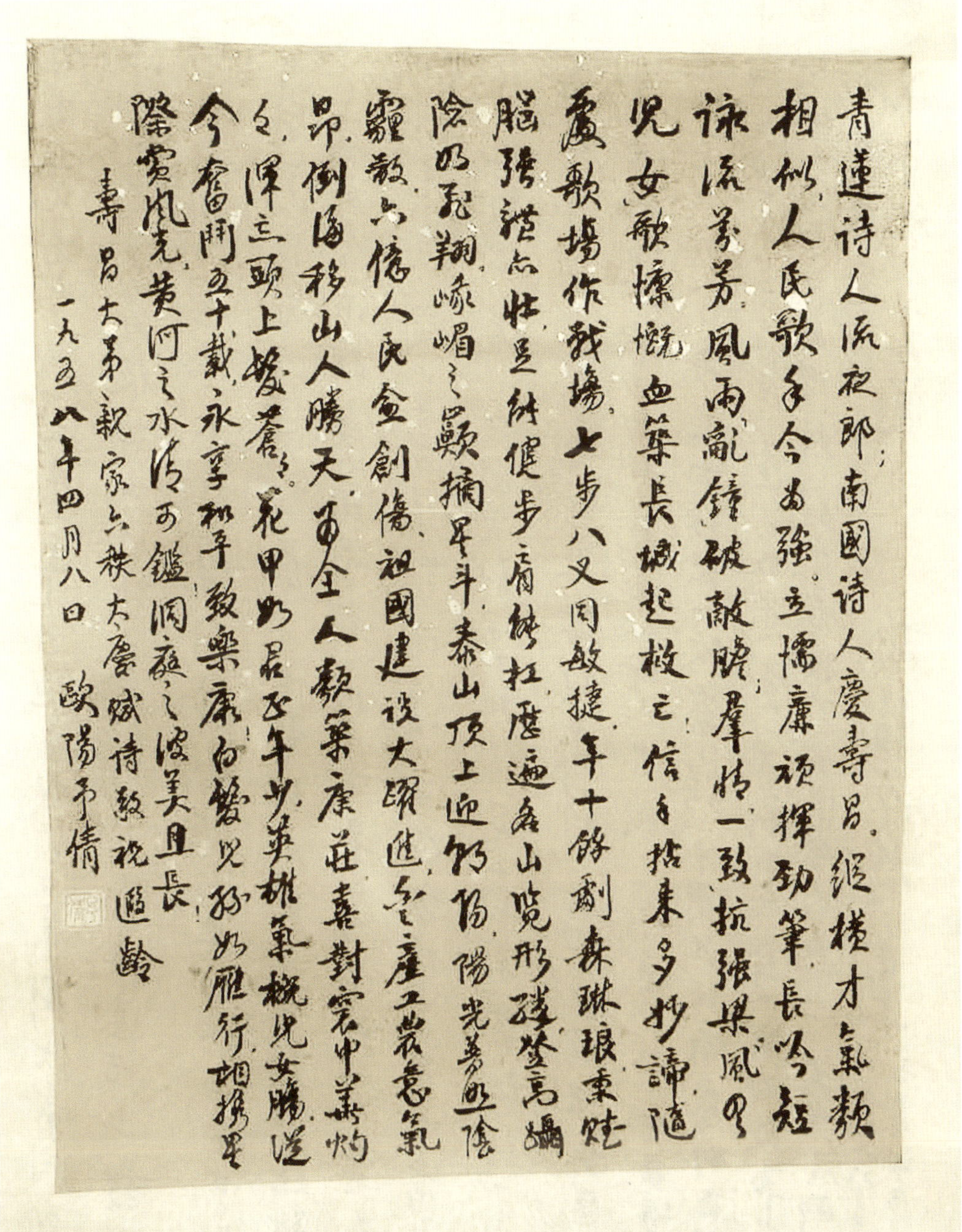

青莲诗人流夜郎，南国诗人庆寿昌，纵横才气颊
相似，人民歌手今为强，立懦廉顽挥劲笔，长吟短
咏流芳芳，风雨乱钟敲腕，摩将一致抗张果，风雨
儿女歌慷慨，血筑长城起救之，信有捲来多抄论随
广歌场作战场，七步八叉同敏捷，年十馀剧森琳琅秉性
脑强诸志壮，足排偃步历遍唐山览形胜，鉴高编
阴阴翔嵘嵋之颠，撞早斗泰山顶上迎阳，阳光芳阴
霾散，六亿人民金创伤，祖国建设大跃进，管产工农意气
昂，倒海移山人胜天，革全人类筹策，莊嘉对寰中华萧灼
今奋留立十载，永享和平致乐康，白髪见孙如雁行相携翠
荣黄河之水清可鉴，洞庭之波美且长
寿昌大弟教家六秩大庆赋诗敬祝遐龄
一九五八年四月八日 欧阳予倩

1958 年田汉六十大寿时，欧阳予倩题诗庆贺

青木正兒先生　一九五六年我隨中國訪日京劇代表團到

貴國觀光　當時很想去訪老　以隨出事務過忙未能訪問

頗去冬承　惠贈　大著元雜劇譯本並玉照一幀由王吉鲁

先生帶到　函謝三至。元劇本古難讀　得先生以暢達雅

秀之譯文介紹於　貴國讀者　極為可喜　予倩於一九三七年

曾三次患病　頭暈至不能閱讀　差方始小愈　以中國信

遲了抱歉異常　由中國話劇運動從一九〇七年算起到一九五

年恰是五十年　我們正在整理史料，名曰　中國話劇運動

五十年史料　摘出四冊　況第一冊已出版　敬寄一部　可供予倩

參考之采　我今年七十　按照一枚奉贈·中國的話劇尚在幼稚

中成長近年來發得蓬勃的發展；來劇本各方獻的及年來

地域進了一個新的階段　顯示著很大的進步，起二毛三可供

詢他即中教欲

著祺　并祝　康健

欧阳予倩手上　一九五八年

1958 年 7 月 4 日，欧阳予倩致信日本学者青木正儿

1958 年夏，欧阳予倩等中国戏剧家与苏联专家波波夫合影，
前排左起：赵韫如、安娥、梅兰芳、波波夫、舒绣文、欧阳予倩；
中排左起：李超、马少波、张庚、孙维世、刘芝明、阳翰笙、田汉；
后排左二起：于是之、郑亦秋、刁光覃、焦菊隐、欧阳山尊

1958 年，欧阳予倩（中）、欧阳山尊（右）和日本著名导演土方与志（左）在一起

1958年，欧阳予倩在给中央戏剧学院表演系台词组指导教学

艺术科学研究工作的一次跃进会

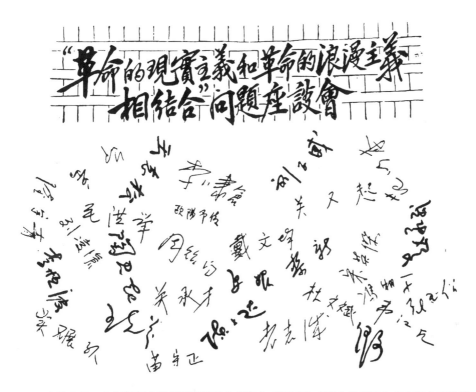

"革命的現實主義和革命的浪漫主義相結合"問題座談會

十月九日，文化部艺术科学研究领导小组在北京召开的"革命的现实主义和革命的浪漫主义相结合"問題座談会，是一次体现艺术科学研究工作躍进的会議。

这次会議由艺术科学研究领导小組副組長欧陽予倩同志主持，邀請了工人、农民、士兵、学生、教授和研究人員等各方面的同志参加，到会者三十余人，在欧陽予倩对艺术科学研究领导小組的工作和召开这次座談会的目的作了簡短説明后，大家踊躍發言。座談內容以討論"革命的现实主义和革命的浪漫主义相結合"的問題为中心，并談到当前群众性的文艺运动和工农兵群众的文艺創作問題，特別是有关文艺理論的普及和艺术科学研究工作深入群众，以及吸收和培养工农兵参加理論研究工作的問題，更引起了到会者一致的注意和关切，并且都發表了意見，对今后更广泛更积极地开展艺术科学研究工作起了一定的推动作用。虽然这只是我們的艺术科学研究工作走向群众化、普及化的开始，但不能不說是这項工作在目前文化大普及大革命的新形势下的一个躍进。

現在我們从到会者的發言中，选擇了一部分比較重要的在这里發表，以供讀者今后在研究問題时的参考，因限于篇幅，这些發言稿是經过摘要整理的。

1958年10月19日，文化部艺术科学领导小组在北京召开"革命的现实主义和革命的浪漫主义相结合"问题座谈会，欧阳予倩作为副组长主持会议并发言

1958 年，欧阳予倩（一排右一）、李伯钊（一排左二）、刘韵秋（二排左一）、孙维世（二排左三）、
舒强（三排左二）、刘露（三排左四）、白鹰（后排左三）、王负图（三排右一）等人与苏联舞台
美术专家雷柯夫（三排右二）、导演专家古里也夫（二排右二）在一起

1958 年，欧阳予倩（坐者）到火车站欢送苏联专家古里也夫

1958 年，欧阳予倩院长为中央戏剧学院声乐台词组编写京剧唱词，并亲自教唱

1959 年 3 月 18 日，中国戏剧家协会组织召开座谈会，
欧阳予倩（一排左二）等人参会

1959 年，欧阳予倩在中央戏剧学院开设"话剧向传统学习"系列讲座

1959 年，欧阳予倩（右二）、田汉（左二）与日本友人中岛健藏（左一）、
西园寺公一（右一）在北京

1959 年，《桃花扇》排练现场，欧阳予倩在示范身段

沙可夫
李伯钊同志：

你们都好么？时间多久。我决定於七月底到小汤山疗养院住二三星期，在那里可以把"星妹"史录剧本赶起，以应语剧院的急切需要。给华园志的"塞上江南"要赶写成电影剧本，不打算写成话剧本了。（因後世表示对这个剧本没有信心，他便断丝搁下了）在这种情形之下，我的剧本便更不能误我血压异常高，并不要紧。好在我昨北去年好得多，再写剧本为越支持。在城里便有许多事，决不能有期。去等卷、医生、同意我亲体着意，我也已郭老言喜多言了。此致

敬礼

欧阳予倩
世四
一九五九、七月

1959 年 7 月 30 日，欧阳予倩给李伯钊、沙可夫的信

1959 年，欧阳予倩在中央戏剧学院迎接国庆十周年跃进暨民兵独立营
成立大会上发言

1959 年 10 月 1 日，欧阳予倩（右一）、梅兰芳（右二）、袁雪芬（左二）、
王昆（左一）在天安门参加国庆观礼

为院高喜剧的
编导和表演，应
当系统地深入地
学习莫里哀的作
品。

欧阳予倩 一九五九·仲秋

1959 年秋，欧阳予倩
为中央戏剧学院表演系
演出莫里哀剧作
《女店主》题词

1959 年 11 月，欧阳予倩
接见伊拉克代表团

1959 年，欧阳予倩在家中写作

1960 年 2 月 25 日，欧阳予倩在北京主持庆祝日本前进座剧团建团 30 周年
纪念会，与日本友人河原崎长十郎（右一）、中村翫右卫门（左二）等

1960 年 4 月 2 日，中央戏剧学院十周年院庆合影

1960年4月2日，中央戏剧学院十周年院庆时，
周扬发言

1960年4月2日，中央戏剧学院十周年院庆时，
梅兰芳发言

1960年4月2日，中央戏剧学院
十周年院庆时，田汉发言

中央戏剧学院十年 *

  中央戏剧学院是在 1949 年 11 月开始筹备，于 1950 年 4 月 2 日正式成立。其前身是华北大学第三部（主要是戏剧科部分）。另外也吸收了一部分南京戏剧专科学校的师生参加。我们继承了革命艺术教育的传统，努力贯彻着毛主席的文艺思想，并一直保持着艰苦朴素的作风。

  十年来，戏剧学院的发展，基本上可以分为三个阶段：第一阶段从 1950—1952 年时期，这个阶段学院刚刚建立，组织上初具规模，开办了一年制普通科和二年制本科。普通科，分戏剧班和舞台美术班；本科分歌剧、话剧、舞台美术三系。除舞台美术系有一部分普通科学生升入本科外，其余均为调训在职干部。此外还先后办有舞蹈运动干部训练班和崔承喜舞蹈研究班。

  除教学工作之外，演出与创作也是学院工作的重要方面，当时有歌剧

---

* 本文摘自欧阳予倩所作《中央戏剧学院十年》（《戏剧学习》1960 年第 9 期），标点有改动。

团、话剧团、舞蹈团、管弦乐队及音乐室、创作室等演出团队和创作组织，经常进行一些演出与创作活动，是教学与创作演出并重的。

这一时期学院经过镇反、三反五反和文艺整风，纯洁了革命队伍，划清了敌我界限，全院师生干部在政治觉悟和文艺思想方面都有了进一步的提高；通过教学实践，也积累了一定的教学经验。

第二阶段从 1953—1957 年时期，学院经过改革、整顿，改为专业的话剧学院。几个演出团、队和创作组织于 1953 年分别由学院分出建立了独立的机构。学院的方针任务得到了进一步的明确。于 1953 年开始建立了四至五年制的本科，设表演、导演、舞台美术、戏剧文学四个系。我们先后聘请了四位苏联专家来院任教，分别开办了导演、表演、导演师资、舞台美术设计师资四个干部训练班，参加学习的除本院教师外，均为各剧院、团的主要业务干部，由专家担任主要专业课程。经过两年多学习，除部分同志留院任教或调至学院实验话剧院工作外，其余均回原单位工作。在这一时期由于学习了苏联先进经验，得到了苏联专家的热情帮助以及师资力量的增长，教学工作有了很大发展。制订了比较正规的教学计划，和各种课程的教学大纲。在苏联专家的积极帮助下，为我们培养了一批师资干部，提高了戏剧艺术的修养并学会了一套教学方法，推进了教学工作的发展。但在我们学习苏联先进经验当中，当时深入消化的还不够，和我国的实际情况结合的也还不够，因此在某些地方曾出现生搬硬套的现象。

为了解决教学实习的需要，加强艺术实践和研究工作，学院于 1956 年建立了实验话剧院。

第三阶段从 1958 年—现在，这是全国进入第二个五年计划时期。学院和全国一样，在政治战线上和思想战线上取得决定性胜利之后，又进入了一个新的革命高潮。在党的领导下，在教学、艺术创作及各项工作上都有了飞跃发展。全院师生及干部的精神面貌发生了很大变化，政治思想觉悟有了显著的提高。特别是经过党的八届八中全会文件的学习和反右倾整风运动，进行了无产阶级人生观世界观的教育，继续进行了教育革命和开展了毛主席文艺思想的学习，全院师生干部意气风发、干劲冲天，掀起了一个比先进赶先进的群众运动，解放思想，破除迷信，树雄心，立大志，树起了敢想、敢说敢做的共产主义风格。学院的面貌焕然一新，出现了空前跃进的新局面。就按招生来说，1958 年招生人数超过 1957 年的 9 倍，除本科外，还开办了表演、导演、戏剧理论三个训练班，还开办了表演专业的工农班和民族班。而 1959 年本科的招生数又超过 1958 年本科的招生人数的 25%，不仅是招生数量上的增加，在教学质量上由于贯彻执行了党的教育方针，也有了显著的提高和飞跃的发展。

以上是学院发展的简略过程，也是教学上两条道路、两种路线斗争的过程，十年来，我们在中央文化部和市委文化部的正确领导下，和资产阶级教育路线进行了坚决的斗争，并取得了伟大胜利。坚持了党的教育路线和毛主席的文艺方向；巩固了党的领导；培养和扩大了师资队伍，积累了丰富的教学经验；基本上建立起了无产阶级的教育制度，找到了培养又红又专的无产阶级戏剧艺术干部的途径。这为学院的进一步积极的健康的发展，打下了稳固的基础并创造了良好条件。

十年来，我们取得了巨大而光辉的成就。但这与国家和人民对我们的要求还距离很远。因此我们全体师生员工必须在党的领导之下团结一致，树雄心，立大志，在已有的基础上奋勇前进。兢兢业业，勤勤恳恳，更出色的完成党和国家交给我们的任务。高速度的培养更多共产主义戏剧艺术的优秀干部，努力攀登世界戏剧艺术教育的高峰，进一步建设共产主义的戏剧学院。为了这一奋斗目标我们将提出以下几点为我们今后努力的标志。

（一）加强马列主义和毛泽东著作的学习，把目前全院掀起的轰轰烈烈的学习马列主义和毛泽东著作的运动，深入而持久地进行下去，真正做到全面地系统地学习毛泽东同志的著作和思想，深刻的认识毛泽东同志创造性的发展马克思列宁主义的革命理论和文艺理论的伟大意义。以马列主义和毛泽东思想武装我们的头脑，并以此为准绳指导我们的全部工作。因此我们必须以毛泽东思想为纲改造我们的所有课程的教学工作，以提高各种课程的思想性和战斗性；并编出一套具有较高思想业务水平的教材，将毛泽东思想贯彻到各个教学环节，及一切活动中。继续深入教学革命，为努力提高教学质量，培养红透专深的优秀的戏剧艺术干部和发展共产主义民族的话剧艺术而奋斗。

（二）健全教学组织扩大师资队伍，这是培养具有高度政治觉悟和业务水平的优秀戏剧干部的重要关键。为此我们必须首先研究改进我们的体制，健全教学研究组的工作，使其充分发挥在教学、科学研究与创作活动中的战斗作用与集体教学作用；其次提高现有师资的政治、业务水平，培养和补充年青的师资力量，扩大和提高我们的师资队伍。因此要求全体教师认真学习马列主义毛泽东思想，积极参加各项政治运动，劳动锻炼，巩固地建立起无产阶级的世界观和美学观。同时要通过教学实践、业务进修、科学研究和艺术实践，不断地提高业务水平。对薄弱的教研组和目前尚不能开出的课程，要迅速的加强和建立起来。

为了创造具有共产主义思想、民族风格、中国气派、生动活泼的最新最美的戏剧艺术，我们还必须建立起一支马克思列宁主义、毛泽东思想所武装的理论批评队伍。

（三）为了更多地为国家培养具有更高水平的优秀人才。我们必须：（1）在招生工作中进一步贯彻阶级路线，注意吸收工农及其子弟入学并进一步改进招生工作；（2）改进考试考查制度，阶段性考试与平时考查密切结合，系统的理论知识、技巧训练与实际的工作能力紧密结合，在教学中充分发挥教师与学生的主观能动性和创造性，坚决贯彻全面发展、因材施教、普遍培养、两头辅导的教学原则，以提高培养学生的合格率并不断涌现尖端人才；（3）继续开办各种训练班并扩大招生数量，加强现有在职干部的培养，努力提高其政治业务水平；（4）积极准备条件，建立研究机构培养更高水平的戏剧艺术人才，争取早日开办中学部和舞台美术专修科，加强工农业余戏剧活动的辅导。

（四）加强科学研究工作。为了搞好这一工作，我们必须深入学习马列主义和毛泽东同志的著作及其文艺思想，以毛泽东思想为纲进行研究。并贯彻首先为教学服务的原则，大搞群众运动。尽速编写出一套完整的崭新的教材和教学参考材料。要着重马克思主义美学的研究。要继续学习苏联戏剧艺术及戏剧教育的先进经验。对中国的古典戏剧、兄弟国家的戏剧、欧洲十九世纪的戏剧以及东方诸国的戏剧，都要加以研究，评论其得失，吸取其精华。以上都是我们研究工作上的重要课题，要就研究所得，写出文章和专著。

（五）坚持教学与生产劳动相结合的方针，这是培养红透专深的专业人才的最重要的保证。严格执行劳动锻炼计划，定期下厂下乡，进行劳动锻炼，这不仅可以改造思想，培养劳动习惯，使知识分子劳动化，还可以大大丰富教学内容和艺术创作。因此必须坚持教学与生产劳动相结合的方针，使教学与生产劳动、科学研究、艺术实践紧密结合。

（六）大力办好实验话剧院。这是加强教学和科学研究的不可缺少的部分，为此要从思想上组织上健全话剧院，加强党的领导，坚决贯彻党的教育方针和文艺方针，在《英雄列车》《为了六十一个阶级弟兄》所取得的卓越成绩的基础上继续前进，使其成为共产主义民族的戏剧艺术创作的坚强阵地和教学工作、科学研究的有力助手。发挥其在教学与创作上的战斗作用。

（七）继续加强党的领导，这是坚持党的无产阶级的教育方向，是我们的戏剧艺术教育事业蓬勃发展的根本保证。为此我们必须进一步发展党的队伍，坚持政治挂帅，把一切工作置于党绝对领导之下。把毛泽东思想的红旗永远插在教学业务的阵地上。

在这六十年代的第一个春天，我们庆祝学院的建院十周年。让我们在党领导下，更高地举起毛泽东思想的红旗，在十年光辉成就的基础上奋勇前进。为建立共产主义的戏剧学院而奋斗，为建设共产主义民族的戏剧艺术而努力。

1960 年 4 月，欧阳予倩（前排右七）、刘韵秋（前排右八）与四川人民艺术剧院
和四川人艺附属剧校全体人员合影

1959 年，欧阳予倩在重庆和川剧演员谈表演

1960 年 7 月 19 日，欧阳予倩与梅兰芳参加"十年来戏剧工作成就展览会"开幕

1960 年，第三次全国文代会期间欧阳予倩邀请部分代表在家小聚

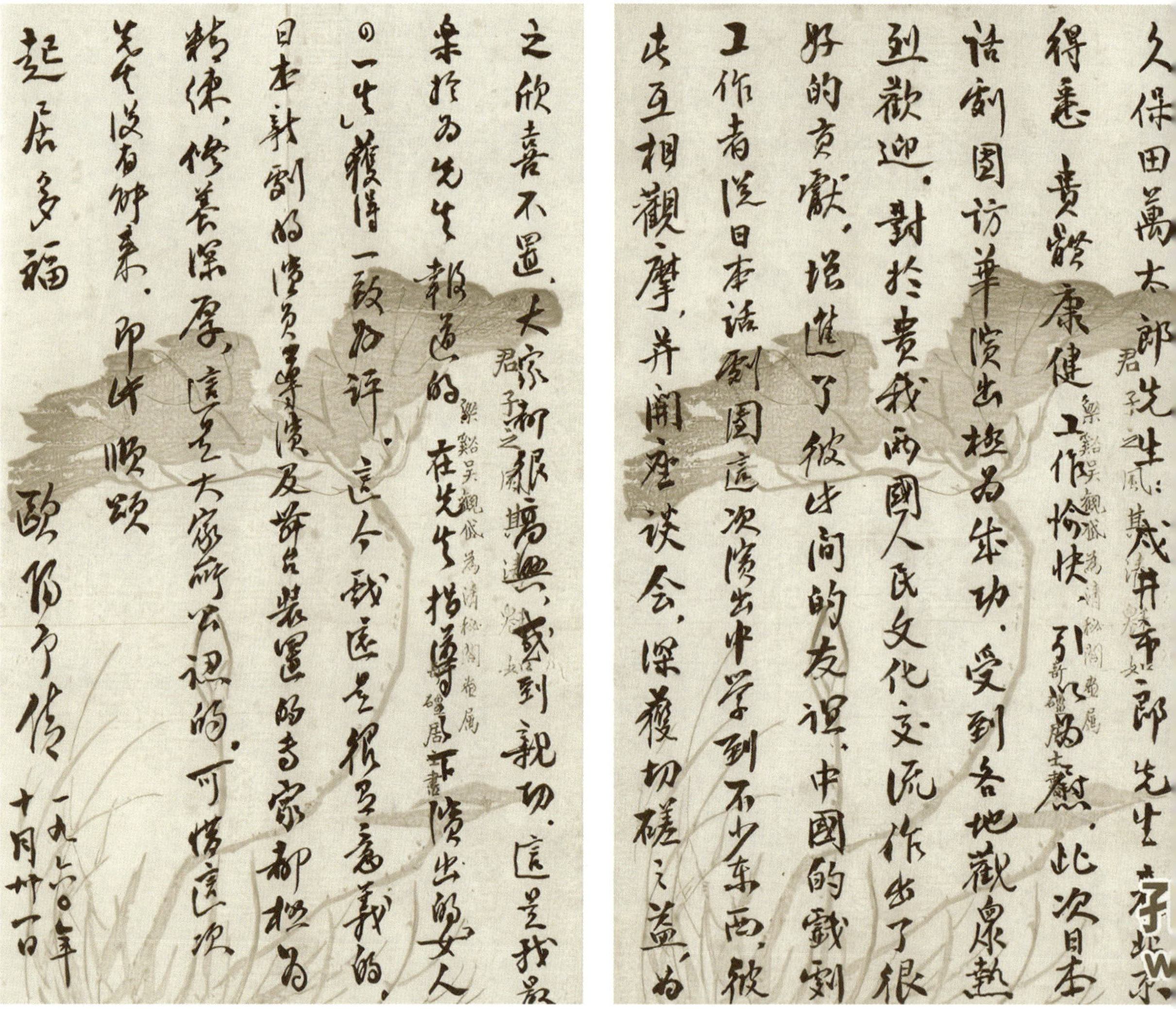

久保田萬太郎君苑之亮井秀市如郎先生 守此次

得悉 貴齡 康健，工作愉快，此次日本

話劇團訪華演出極名成功，受到各地歡迎熱

到歡迎，對於貴我兩國人民文化交流作出了很

好的貢獻，增進了彼此間的友誼，中國的戲劇

工作者從日本話劇團這次演出中學到不少東西，彼

此互相觀摩，并開座談會，深覺切磋之益，為

之欣喜不置，大家都很高興，感到親切，這是我最

柴作為先生報道的，在先生指導下

一生獲得一致好評，這令我認為這是很有意義的

日本新劇的演員及舞台裝置的專家都極為

精練，修養深厚，這是大家所公認的，可惜這次

先生沒有師柴，即祝順頌

起居多福

歐陽予倩
一九六〇年
十月卅一日

1960 年 10 月 31 日，欧阳予倩致信久保田万太郎

1960 年，欧阳予倩在中央戏剧学院开学式上讲话

1960 年，欧阳予倩、田汉（右一）、阳翰笙（左一）和日本演员山本安英（左二）在一起

1961 年，欧阳予倩等人参加戏剧研讨会。
左起：郭沫若、欧阳予倩、田汉、李伯钊、夏衍

欧阳予倩等中国戏剧家和希腊戏剧家座谈中国戏剧后在颐和园合影。
右一周贻白，右二吴雪，左一李超，左二阳翰笙，左三田汉

欧阳予倩标准像

欧阳予倩查阅资料

欧阳予倩在张自忠路 5 号家中庭院种树

欧阳予倩（左三）、白鹰（左二）与京剧演员侯永奎（右一）合影

欧阳予倩（左四）、洪涛（右一）、王负图（右二）、严正（左二）等和外宾在一起

欧阳予倩（左七）、曹禺（左九）、罗光达（左五）等与演员合影

欧阳予倩和中央戏剧学院舞台美术系、导演系、表演系毕业生在一起

1960 年，欧阳予倩观看中央戏剧学院工农班片段排演后发言
二排坐者左起：洪涛、朱星楠、徐晓钟、欧阳予倩、何之安，前排戴帽者为罗锦麟

欧阳予倩和中央戏剧学院表演系主任严正（中）、导演系主任洪涛谈表导演问题

欧阳予倩和中央戏剧学院越南留学生合影

欧阳予倩与妻子刘韵秋合影

欧阳予倩和夫人刘韵秋参观
毛泽东主席故居

欧阳予倩与演员王昆在天安门参加国庆典礼

1961 年，欧阳予倩题词勉励侄孙

吃苦是良图 苦

学苦练能求

大器 勉世杰侄孙

公元一九六一年祜祖义平倩

1962 年，欧阳予倩与妻子刘韵秋、女儿欧阳敬如合影

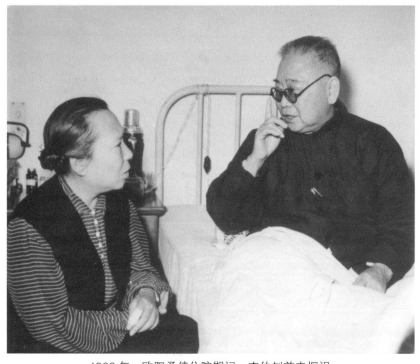

1962 年，欧阳予倩住院期间，李伯钊前来探视

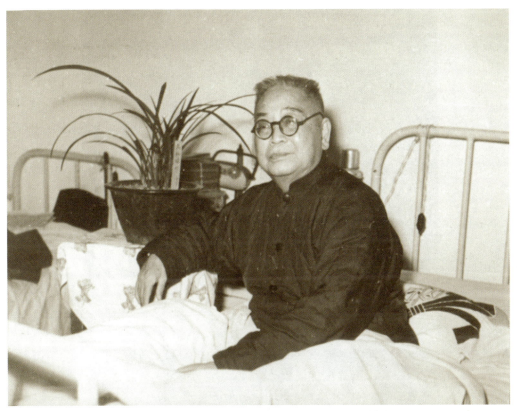

1962 年，欧阳予倩住院养病，朱德元帅赠送兰花一盆并亲切慰问

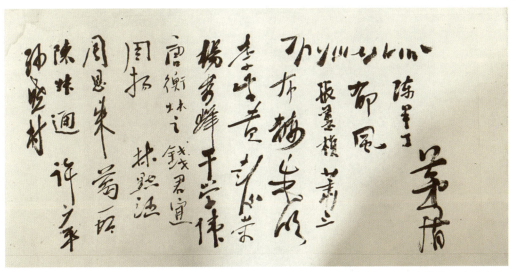

1962 年 9 月，欧阳予倩去世后，周恩来、茅盾、周扬、杨秀峰、林默涵、许广平等人在参加
追悼活动时的签名簿（部分）

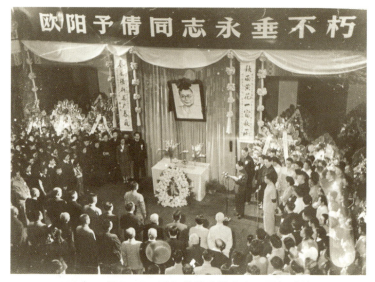

1962年9月24日，欧阳予倩追悼大会，夏衍致悼词

1962年9月24日，欧阳予倩追悼大会，老舍介绍欧阳予倩生平

1962 年 9 月 24 日，欧阳予倩逝世后，郭沫若、沈钧儒、陆定一、周扬、夏衍、田汉等人为其扶灵

附录一　欧阳予倩同志悼词[*]

欧阳予倩同志和我们永别了，他的逝世，是党和人民的损失，是我国革命艺术事业的无可弥补的损失，我们为此而感到万分悲痛！

欧阳予倩同志一生从事革命的戏剧事业，五十多年来，始终不懈地以戏剧艺术为武器参加了人民的斗争。他是我国话剧运动的主要倡导人，一九〇七年在东京参加春柳社，开始把话剧艺术介绍到中国，为我国话剧运动的历史写下了光辉的一页。欧阳予倩同志在话剧、戏曲、电影和音乐舞蹈等各个方面，都作出了重大的贡献。他以丰富的创作和精湛的表演，为人民的革命斗争服务，在反对帝国主义、封建主义和国民党反动派的斗争中，发挥了极大的积极作用。

欧阳予倩同志是我国杰出的戏剧教育家，从早年举办南通伶工学社、广东戏剧研究所，直到新中国成立以后，在党的领导下创办并主持我国第一所

---

[*]　本文为 1962 年 9 月 24 日夏衍在欧阳予倩追悼会上所读的悼词（见欧阳予倩同志治丧委员会秘书组编《悼念欧阳予倩同志》，1962），悼词起草人未知，标点有改动。

专门的高等戏剧学校——中央戏剧学院，他以毕生的精力、渊博的学识和丰富的实践经验，为祖国造就了大批的戏剧艺术人才。他在祖国的艺苑中耕耘、播种，如今，已经是名符其实地"桃李满天下"了。

欧阳予倩同志一生忘我地勤奋地学习和劳动，既专又博，造诣深厚，成为我国卓越的多才多艺的艺术家。他创作和改编了《黑奴恨》《桃花扇》《人面桃花》等大小五十多个话剧和戏曲剧本；创造了多种多样的人物形象；导演了许多话剧、电影和戏曲；写下了许多深入浅出、平易近人的理论著作。近几年来，他努力以马克思列宁主义观点，把自己数十年来的实践经验加以总结，并且开始了对我国戏剧艺术体系的探索和研究，直到发病以前，还在撰写我国唐代以来舞蹈历史的研究论著。他的这些多方面的创作和研究活动，不但丰富和提高了我国的戏剧艺术，在国际上也产生了影响，受到各国进步的文艺人士的重视。他的逝世，使我国广大的戏剧工作者丧失了一位最尊敬的导师。

欧阳予倩同志一直追求进步，追求真理，从一个爱国主义者，发展成为共产主义战士；从一个寻求正义的艺术爱好者，成为无产阶级的革命艺术家。经过大半生的艰苦奋斗，他终于找到了真理——马克思列宁主义；又经过革命的斗争锻炼，在年近古稀的时候，终于成为中国共产党党员。他的这种不断追求进步、不断革命的精神，特别是对革命事业的无限忠诚，给一代青年树立了良好的榜样。

欧阳予倩同志数十年如一日，踏踏实实，勤勤恳恳，严肃谨慎，热情谦逊，对自己要求严格，好学深思，而对别人则虚怀若谷，诲人不倦，表现了一个革命艺术家的高尚品质。他热爱祖国，热爱艺术，忠于党的事业，经常以"一息尚存，此志不容消解"自勉，为实现伟大的共产主义理想勇往直前，奋不顾身，这种精神永远值得我们纪念，也永远鼓舞我们前进。一年多以来，他在和疾病斗争中，始终充满着兴奋乐观的心情。对于祖国的光明前景，对于我国戏剧事业的蓬勃发展表示极大的欣慰和无限的信心。他还计划着病好以后要着手进行的工作，可惜这些工作他已经不能亲手完成了。

敬爱的欧阳予倩同志，安息吧，您的未竟之志和未完成的事业，必定会有无数后继者来完成！

附录二　欧阳予倩同志生平事略[*]

欧阳予倩同志，湖南浏阳县人，1889 年生。从童年时期，欧阳予倩同志就对戏剧发生了浓厚的兴趣。他的祖父欧阳中鹄，是一位具有民主革命思想的著名学者。少年时期的欧阳予倩同志，接触了西学和民主爱国思想。十五岁东渡日本，在成城中学和早稻田大学文科学习，1907 年参加"春柳社"，先后参加演出了反抗民族歧视的《黑奴吁天录》和反对封建黑暗统治势力的《热血》，这些演出不仅在当时留日的革命者中间引起强烈的反响，在日本文艺界也博得了广泛的赞誉。从此，欧阳予倩同志便成了春柳社的重要演员，是我国话剧主要奠基人之一。回国后，在上海和陆镜若等组织"新剧同志会"，在湖南组织"文社"，又在上海组织"春柳剧场"。五年中以话剧的形式宣传民主革命，揭露当时黑暗的政治，为我国初期的话剧运动开辟了道路。

---

*　　本文为 1962 年 9 月 24 日老舍在欧阳予倩追悼会上所读的《欧阳予倩同志生平事略》（见欧阳予倩同志治丧委员会秘书组编《悼念欧阳予倩同志》，1962），《事略》起草人未知，标点有改动。

与此同时，欧阳予倩同志也学习京剧，先后表演了京剧十五年。他精心继承戏曲传统，勤学苦练，广征博采，积极创造，演了二十多个新的京剧剧目，在舞台上创造了许多具有反抗精神的古代妇女形象，并致力于京剧艺术的改革，在舞台艺术的各个方面，都作出了重要的贡献，创造了自己独特的艺术风格，当时与梅兰芳同志齐名，有"南欧北梅"之称。

1927 年的第一次国内革命战争之前，欧阳予倩同志同洪深、应云卫同志共同组织"上海戏剧协社"，又参加"南国社"，和田汉同志开始了亲密的合作，并曾和周信芳同志同台演出。欧阳予倩同志在这一时期受到当时正在兴起的革命思潮的影响。大革命开始，他放弃舞台生活，想投身革命事业，革命失败后，转而从事电影事业，编导过默片《天涯歌女》等。1929年，他在广州创办"广东戏剧研究所"，并附设戏剧学校、音乐学校，在此以前，还曾在南通主持过"伶工学社"。他两度办学，目的是试用先进的科学方法，来培养新型的戏剧人才。"九一八"事变后，他在广州参加了中国左翼戏剧家联盟广东分盟，和党的关系更进一步密切，政治思想有了显著转变，当时他肯定地认为"只有中国共产党能救中国"，并创作了大型活报剧《不要忘了》，写的是李顿调查团来到中国后，工人阶级对此事的示威和抗议。国民党反动派掀起反共高潮，国内政治空气处于低压状态，欧阳予倩同志于 1932 年冬赴欧洲考察戏剧，曾到苏联参加苏联第一届戏剧节，回国后参加了反蒋抗日的福建人民政府。失败后到日本，1934 年回到了上海，又参加了进步的戏剧电影活动。

抗日战争爆发后，为了配合抗日救亡运动，欧阳予倩同志写了戏曲剧本《梁红玉》《桃花扇》《木兰从军》及话剧剧本《青纱帐里》等。1938 年到桂林任广西省立艺术馆馆长兼桂剧团团长，利用国民党反动派和桂系的矛盾，运用戏剧艺术武器，大力进行了抗日宣传活动。他编导了不少桂剧，对培养桂剧人才和桂剧艺术的改革作出了贡献。这时，欧阳予倩同志和党的地下组织的联系更加密切，在党的领导下，主持了盛大的西南戏剧展览演出，成为抗日战争时期进步戏剧力量的大会师和大检阅，有力地打击了国民党反动派。

1946 年抗日战争胜利（一年）以后，因受反动派迫害离开广西，后来由上海撤退到了香港。

北京解放以后，欧阳予倩同志到了北京，积极参加革命的政治活动和社会活动，努力学习马克思列宁主义和党的政策，于 1955 年 4 月加入中国共产党。他在旧社会走过一条漫长的道路。由于党的光辉照耀，使他逐步接近真理，由一个爱国主义者发展成为共产主义者。从 1949 年开始，主持中央戏剧学院，十三年如一日，勤勤恳恳地为新中国培育戏剧人才，同时进行艺术理论研究工作，整理、出版了《自我演戏以来》《一得余抄》，编写了话剧《黑奴恨》。欧阳予倩同志积极参加国际文化活动，1956 年作为中国京剧访日代表团副团长兼总导演赴日本，增进了两国人民的友谊。

欧阳予倩同志是：全国人民代表大会代表、中国文学艺术界联合会副主席、中国戏剧家协会副主席、中国舞蹈工作者协会主席、中央戏剧学院院长、中央实验话剧院院长、中越友好协会副会长等。

欧阳予倩同志的一生，热爱祖国、热爱人民、追求真理、追求进步，他是我国杰出的革命戏剧家和戏剧教育家，对我国革命的艺术事业，作出了卓越的贡献，他的逝世，是我国文艺界的重大损失。现在他同我们永别了，我们感到无限的悲痛；但是新中国的文艺事业正在蓬勃发展，他所培育的青年一代必能继承他未竟的事业，继续前进。予倩同志，安息吧！

附录三　欧阳予倩大事年表

1889 年

5 月 1 日（农历四月初二）出生于湖南省浏阳一书香世家。

祖父欧阳中鹄，号瓣姜，清末船山学派的代表学者，谭嗣同、唐才常是他的学生。外祖父刘人熙，字艮生，船山学社首任会长，曾代理湖南省督军兼省长。

1895—1902 年

在家塾读书，启蒙老师是唐才常，也读过谭嗣同带来的天文、地理方面的书籍。看过一些戏曲演出，曾学着拉胡琴。

1902—1903 年

在北京学堂读书，学习英文，看过著名京剧演员谭鑫培、杨小朵的戏。

在长沙经正中学读书。就读期间，黄兴、陈天华、苏曼殊等人在校任教，秘密组织华兴会，宣传革命，并策划起义。学校教员中很多系中国同盟会会员，动员欧阳予倩去日本学习。

1904 年

在东京留学生会馆日语讲习所学习日语，同学中有秋瑾。

12 月 5 日，入日本成城中学。

1905 年

12 月 12 日，离开日本成城中学，返回湖南浏阳。

1906 年

5 月 27 日，与刘韵秋结婚。

经上海去日本，入明治大学学习商科。

1907 年

2 月，在东京观看春柳社演出的《茶花女》第三幕，被戏剧这一形式吸引，加入春柳社。

6 月 1—2 日，第一次登台演出，参演春柳社第二次公演的剧目《黑奴吁天录》。

1908 年

改入早稻田大学学习文科。

4 月，在东京演出《生相怜》和《画家与其妹》。

冬，以申酉会的名义演出《鸣不平》等剧目。

1909 年

以申酉会的名义演出《热血》一剧，在日本获得极大反响。

1910 年

父亲欧阳自耘在日本去世，送父亲棺柩回国。

因祖父欧阳中鹄担任桂林知府，遂赴广西，接触到桂戏。

1911 年

10 月，祖父欧阳中鹄病逝于广西，遂返湘。

1912 年

应陆镜若之邀前往上海参加新剧同志会，演出《家庭恩怨记》《社会钟》等新剧作品。

年底，应林绍琴等人之邀，在张家花园演了一出《宇宙锋》，是欧阳予倩演出京剧的开始。

1913 年

与陆镜若等人在湖南组织社会教育团与文社，演出《运动力》等进步剧目。

1914 年

前往上海，与陆镜若等人在春柳剧场演出新戏。

1915 年

9 月，陆镜若去世，在陆镜若灵枢前，烧了《神圣之爱》剧本，以示哀悼和纪念。

1916 年

春，和周信芳、冯春航等人在上海第一台搭班演出，正式成为京剧演员。

8 月，和查天影、汪优游、李悲世等人开始在笑舞台演出，专门创作演出了大量"红楼戏"。

本年，编写京剧《馒头庵》。

1917 年

10 月，由徐浦介绍加入南社，入社书编号为 988 号。

本年，创作演出《黛玉焚稿》《晴雯补裘》等。

1918 年

2 月，从上海笑舞台转到新舞台演出。

10月，写《予之戏剧改良观》一文，发表于《讼报》，后被《新青年》第5卷第4号全文转载。

1919 年

5月，在南通演出，结识张謇。

夏，赴日考察戏剧。

9月，全家迁往南通，创办南通伶工学社和更俗剧场。冬，梅兰芳来南通演出，张謇特在更俗剧场设立"梅欧阁"。

1920 年

5月及冬天，均到汉口演出。

1921 年

5月，郑振铎、沈雁冰等人组成民众戏剧社，欧阳予倩为首批13位社员之一，并在社刊《戏剧》上发表多篇文章。

12月，欧阳予倩萌生离开南通之意，张謇致函挽留。

1922 年

加入上海戏剧协社。创作独幕剧《泼妇》《回家以后》。

12月，离开南通，回到上海。

1923 年

6 月，欧阳予倩担任戏剧协社剧务顾问。

9 月，戏剧协社公演欧阳予倩编剧的《泼妇》。

1924 年

8 月，欧阳予倩担任戏剧协社总务部委员。

1925 年

1 月，前往东北演出。

5 月，回到上海，在第一台与周信芳搭班演出。

1926 年

1 月，组织消寒会，招待日本作家谷崎润一郎。

加入上海民新影片公司，编导影片《玉洁冰清》《三年以后》。

1927 年

春，编导影片《天涯歌女》。

8 月，赴南京创办国民剧场。

冬，参加南国社，在"鱼龙会"上演出《潘金莲》。

1928 年

1 月，在南国艺术学院担任戏剧系主任。

4 月，与田汉、洪深等人在宴会上商定使用"话剧"一词。

9 月，女儿欧阳敬如出生。

1929 年

2 月 16 日，广东戏剧研究所成立，担任所长。

5 月，创刊《戏剧》杂志。

1930 年

7 月，在广东戏剧研究所主持上演《怒吼吧，中国！》

1931 年

7 月，广东戏剧研究所停办。

11 月，在上海组织现代剧团。

1932 年

参加中国左翼戏剧家联盟广州分盟，并创作《不要忘了》等剧。

10 月，与陈铭枢等人从上海出发，前往欧洲。

11 月，在法国观摩戏剧，并参加了法国共产党所组织的工人晚会。

1933 年

在英、德等国观摩戏剧。

夏，参加苏联第一届戏剧节。

10 月，担任福建人民政府文化委员会委员。

1934 年

1 月，福建事变失败，被通缉，后流亡日本。

秋，返回上海，入新华影片公司担任编导。

1935 年

本年，为明星影片公司编导《新桃花扇》；为暨南大学剧社排演话剧《油漆未干》，为复旦剧社排演《雷雨》。

12 月，在南京参加中国舞台协会的演出。

1936 年

1 月，发起上海电影救国会。

7 月，担任明星影片公司编剧委员会主任。

10 月，鲁迅去世，前往鲁迅寓所拍摄纪录片。

参加业余剧人剧团，排演《黑暗之势力》。

1937 年

7 月，集体创作《保卫芦沟桥》。

8 月，组织上海戏剧界救亡协会。

11 月，组织中华剧团，陆续演出了《梁红玉》《桃花扇》等爱国主义剧目。

1938 年

4 月，离开上海前往香港。

5 月，应广西大学校长马君武邀请前往桂林改革桂剧。

9 月，离开桂林返回香港，开始为中国旅行剧团排演剧目。

1939 年

为中华艺术剧团导演 14 个剧目。

9 月，重回桂林改革桂剧。

10 月，担任中华全国文艺界抗敌协会桂林分会理事。

1940 年

3 月，担任广西省立艺术馆馆长，兼任戏剧部主任。

11 月，担任《戏剧春秋》杂志编辑。

1941 年

创作话剧《忠王李秀成》。

1942 年

导演《木兰从军》《愁城记》《天国春秋》《长夜行》等剧目。

出席"历史剧问题座谈会"。

1943 年

导演《国家至上》《家》等剧目。

1944 年

2 月 15 日，担任主任委员的西南第一届戏剧展览会开幕。

9 月，与艺术馆部分人员疏散至昭平县，并在昭平县加入民盟。

11 月，参与编辑的《广西日报·昭平版》出版。

1945 年

10 月，返回桂林，重新建设艺术馆。

1946 年

9 月，辞去广西省立艺术馆馆长职务，返回上海。

12 月，与新中国剧社去台湾演出。

1947 年

年初，与新中国剧社到达台湾演出《郑成功》《桃花扇》《日出》等剧，并见证"二二八事件"。

夏，返回上海后，在上海戏剧专科学校任教。

冬，受聘于香港永华影业公司。

1948 年

5 月，香港文艺界举行"庆祝戏剧界老前辈欧阳予倩先生 60 大寿暨参加戏剧工作 40 周年纪念会"，郭沫若、茅盾、夏衍、柳亚子等 600 余人参会。

本年，转入大光明影片公司，拍摄《野火春风》。

本年，为南群影片公司拍摄《恋爱之道》。

1949 年

1 月，与夏衍、阳翰笙、顾仲彝等人联名提出《电影政策献议》。

春，自香港北上到达北京，参加中国人民政治协商会议筹备会议。

4 月，担任全国文学艺术工作者代表大会筹备委员会演出委员会主任委员。

7 月，参加中华全国文学艺术工作者第一次代表大会。会后，成为国立戏剧学院筹备委员会委员。

9 月，以无党派人士身份出席中国人民政治协商会议，担任第六小组组员，该组任务是拟定国旗、国徽和国歌方案。

11 月，致信毛泽东主席，请求为"国立戏剧学院"题写校名。

12 月，被中华人民共和国政务院任命为中央戏剧学院院长。

1950 年

4 月 2 日，主持中央戏剧学院成立大会。

9 月，创作舞剧《和平鸽》。

1951 年

3 月，出席中央戏剧学院舞蹈运动干部训练班和崔承喜舞蹈研究班的开学典礼。

4—6 月，作为中苏友好代表团的一员，参加苏联"五一"观礼。

1952 年

5 月，出席中国文联组织的纪念毛泽东主席《在延安文艺座谈会上的讲话》发表十周年座谈会。

10 月，担任第一届全国戏曲观摩演出大会评奖委员会副主任。

1953 年

9 月，参加中国文学艺术工作者第二次代表大会。

10 月，当选中国文联主席团委员、中国戏剧家协会副主席。

1954 年

4 月，发表《演员必须念好台词》一文。

9 月，当选第一届全国人民代表大会代表。

1955 年

本年，加入中国共产党。

1956 年

5 月，中国访日京剧代表团赴日演出，担任代表团副团长兼总导演。

8 月，兼任中央戏剧学院实验话剧院院长。

11 月，担任中国古代舞蹈史研究小组艺术指导。

1957 年

本年，为中央戏剧学院实验话剧院导演话剧《桃花扇》。

本年，与夏衍、田汉、阳翰笙提出举办话剧运动五十年纪念及搜集整理话剧运动史资料出版话剧史料集的建议。

1958 年

3 月，在艺术研究科学会议上致开幕词。

11 月，邀请周恩来总理、陈毅元帅观摩中央戏剧学院实验话剧院演出的《桑洋河畔喜事多》片段。

1959 年

本年，当选为第二届全国人民代表大会代表。

12 月，出版论文集《一得余抄》。

1960 年

4 月，主持中央戏剧学院建院十周年庆典。

7 月，参加中国文学艺术工作者第三次代表大会，被毛泽东主席接见；参加中国戏剧家协会第二次会员代表大会，并致开幕词；当选中国舞蹈工作者协会主席。

1961 年

本年，编剧的《黑奴恨》在北京上演。

1962 年

9 月 21 日逝世，周恩来总理亲临医院参加入殓仪式。

后　记

　　本书是关于欧阳予倩的第一部文献图传，是中央戏剧学院戏剧艺术研究所欧阳予倩研究中心收集整理编纂《欧阳予倩全集》的前期成果，是欧阳予倩研究中心文献征选、学术研究的一次综合性考证和集中展示。《欧阳予倩文献图传》是关于中国戏剧的开路先锋，中国戏剧教育的先行者，中国话剧开天辟地的功臣，中央戏剧学院的奠基人、首任院长欧阳予倩人生经历、艺术之路、思想脉络的文献图录。本图传珍贵的图文资料大部分来自欧阳予倩任首任院长的中央戏剧学院特藏。欧阳予倩文献的典型性、权威性、准确性、唯一性将使这本文献图传独具魅力。

　　图像叙事是编史写传的传统，关于这本《欧阳予倩文献图传》，我们追求一种纸上做戏的戏剧现场感。让一生投身戏剧运动的传主欧阳予倩本人既是书中人又成为书中讲故事的人。用传主写的自传、自叙和中央戏剧学院院藏第一手图文，包括老照片、书影、手迹等，构建一种言说自我与"被看的他者"互为参照、印证、补充的图文关系。以时代风范和民族的独特性为欧阳予倩的一生描绘出一幅历史长卷，搭建出一个别开生面的戏剧舞台。我们在编排中将欧阳予倩年表择其精要纲目放入图传，希望年表能够以时间的刻度助力传主的人生叙述。打破传统的常规图传编者操控叙事的固有模式，以年表的客观记录和传主的生动记述相结合。

本图传集合了大量首次披露的图像资料、珍贵文献，照片与文字互为印证，还原和塑造出一个真实的历史现场。三百二十余张历史图像涵盖了欧阳予倩一生各个时期和艺术生活的各个方面。我们期待记录传主生平事迹的文献通过图文互见的方式和读者的阅读想象之间形成一个独立的空间场域，使得这些 20 世纪的历史人物和历史场面穿越时间的壁垒，汇聚成一部气势蓬勃的传记体文献剧。

欧阳予倩的人生丰厚博大。他出身书香世家，通晓经义策论，受祖父欧阳中鹄弟子唐才常、谭嗣同影响，颇有仁人志士之思，追求慷慨义烈。他1904 年留学日本，接受现代思想。他是 1907 年成立的春柳社重要成员。他从事戏剧运动从演戏开始，为了演戏，挨一百个炸弹也不灰心。他当了六年业余演员，十六年职业演员。他立志改革旧戏，1919 年受张謇所邀到南通办伶工学社，建更俗剧场。1927 年他与周信芳在南国社"鱼龙会"合演京剧《潘金莲》，实现了话剧演员和京剧演员的同台。1928 年底他应李济深、陈铭枢邀请到广东筹建戏剧研究所，1929 年发表《戏剧改革之理论与实践》，1930 年组织排演《怒吼吧！中国》这一蜚声世界的反帝名剧。他1932 年赴欧洲考察戏剧，1933 年以个人名义参加苏联第一届戏剧节。1937年"八一三"抗战爆发，他在上海组织中华剧团，创作演出《梁红玉》《渔夫恨》《桃花扇》。1940 年他主持广西省立艺术馆，办桂剧学校。1944 年与田汉、瞿白音等以广西省立艺术馆为中心发起西南剧展，聚集了八省三十三个戏剧剧团进行抗战大会演……抗战时期与他同在广西桂林的聂绀弩说，欧阳予倩是对戏剧艺术了解得最多的一个，也是从事戏剧改革最早的一个。对旧戏改革，是一项非同小可的工作，必须理解旧戏，能够驾驭它的形式，同时理解时代，能够把握时代精神，才能胜任。欧阳正是这一工作的选手。[1]

本图传开篇收入的《欧阳予倩简易的自传》，全文一万多字，为首次向社会披露，是研究欧阳予倩不可多得的新文献。20 世纪 50 年代初积极要求入党的中央戏剧学院首任院长欧阳予倩详尽陈述、总结了自己人生经历的重要阶段。这篇文字写于 1953 年，当时欧阳予倩六十五岁，他质朴、翔实地述说了自己参与中国近代史、中国话剧史重要事件的来龙去脉，比如现代剧团，比如福建人民政府，比如中国旅行剧团，比如西南剧展……与陈铭枢、马君武、唐槐秋等历史人物的关系在文中也做了清晰梳理，其间有对个人阶级属性的剖析、对共产主义认识过程的记叙；有经过土改运动后对家族成分、田产情况的坦陈……欧阳予倩这篇从未公开的简易自传，正本清源，以重要事件、具体场面和相关人物细节还原了历史，也带出新中国成立初期进步知识分子的气质和当时的社会风貌。它真实反映了传主一生政治生涯的跌宕起伏、艺术人生的波澜壮阔、思想转变的历史节点，是传主人生舞台上一篇无可替代的证词。

---

[1] 《聂绀弩全集》第 3 卷，武汉出版社，2004，第 380 页。

在欧阳予倩生前，古体诗依然是知识分子抒发情绪、寄寓思想的重要文体。因此，我们选用欧阳予倩本人或同时代挚友赠予他的诗句作为章节标题，以追求一种生命个体融入时代潮汐的角色主体性。我们希望读者阅读《图传》的过程，就是进入历史现场的过程。跟随他"惯挥箭鼓走天涯"，体会他艺术之路所经历的艰难坎坷，感受他身为戏剧艺术的先驱者、新艺术工作者、一代文化先进所经历的风云际会的时代。

欧阳予倩一生勤奋自律，在人生的重要节点都留下明朗清晰的回忆录。在那个新旧交替的时代，欧阳予倩读卢梭，也受卢梭影响，习惯对过往的世事进行回顾、总结、记述和批判。《自我演戏以来》是本图传传主文字的主要来源。这部 1929 年写于广东戏剧研究所时期的长篇回忆录，是欧阳予倩前半生从 1907 年登台到 1928 年脱离舞台为止的完整自述。如欧阳予倩所说，这部自述"乃用以自省，既不用夸张，也无所事其装点，只是想到哪里说到哪里"。欧阳予倩以为人生重要的部分，只在日用寻常之中。宗教、哲学、科学、艺术，离开了日用寻常平凡之事，便都无从成立。欧阳予倩一向自谦，发表这部回忆录时他已是戏剧界数十年最活跃的人物，北抵奉天，南至广州，"新剧旧剧都有他的地位"。梁实秋当年这样评价这部回忆录："内容丰赡，趣味盎然"，又说"读欧阳予倩的自传，不啻读一部近代中国戏剧变迁史"。[①]

《欧阳予倩文献图传》第一章"少年飞跃向真理（1889—1906）"，摘

---

① 原文见（天津）《益世报·文学周刊》第 29 期，1933 年 6 月 17 日，署名徐文甫。

自《自我演戏以来》第一部分"童年的爱好";第二章"春柳依依忆旧时（1907—1915）"，摘自欧阳予倩《回忆春柳》和《自我演戏以来》；第三章"得天欧子擅歌喉（1916—1918）"，部分文字选自欧阳予倩在《戏剧报》（1954 年第 1 期）上发表的《我怎么学会了演京戏》，其余摘自《自我演戏以来》"作京剧演员的时期"部分；第四章"伶工更俗济时方（1919—1921）"和第五章"遍尝歌场苦与甘（1922—1928）"，均摘自《自我演戏以来》。1919 年到 1921 年，欧阳予倩在南通住了三年，他本想竭尽全力培养一批具有旧戏技巧和新文艺知识的戏剧人才，却受各方掣肘，未能如愿。《自我演戏以来》追叙了欧阳予倩的艺术生活，不仅仅是欧阳予倩所说的"断纨零绮的记忆"，更是"一部形象的近代早期剧运史"，"不只写出了当时剧运的事实，而且还写出了当时人物的风貌，社会的背景"。[1] 我们把记叙他人生重要阶段的段落摘录出来，希望读者通过有声有色的故事和具体入微的细节走近那个新旧杂陈时代的剧史天地。读者从中谅必能感受到苦学苦干的欧阳予倩做过伶人，但绝不止于如他所说"不过是一个伶人"。梁实秋曾说："我读欧阳自传，觉欧阳之为人，无一般伶人之习气，究系有智识之士，其处境不甚顺利，甚可令人同情，然以数十年之苦工，大半耗于糊口，实逼如此，英雄无用武之地，则亦未免太可惋惜了。"[2]

1942 年 3 月，欧阳予倩编集的《谭嗣同书简》由桂林文化供应社出版。欧阳予倩选辑了 27 封谭嗣同给他祖父欧阳中鹄的书简，附录收入唐才常给

---

[1] 张庚:《欧阳予倩戏剧论文集·序》，上海文艺出版社，1984。
[2] 原载（天津）《益世报·文学周刊》第 29 期，1933 年 6 月 17 日，署名徐文甫。

他祖父的 9 封书简和欧阳中鹄分别给两人的 14 封书简。欧阳予倩感慨："新中国正在苦难中生长，谭先生的遗札在这个时候刊出，可说甚为适当。"本图传第一章"少年飞跃向真理（1889—1906）"收入欧阳予倩为《谭嗣同书简》撰写的序言，从这篇序言得以看出谭嗣同的言行、思想、作为对欧阳予倩成长的深刻影响。具体而言，这种影响既包括民族思想的确立，更包括个性、人格、行为、气度的培育。欧阳予倩感叹："我们常提及所谓中国气派、中国精神，却始终说不出中国精神是怎样的一种精神。古代不必多说，就近代而言，六君子之死是中国精神；黄花岗事件是中国精神；谢营长与全营兵士同殉宝山城是中国精神，张自忠将军的殉职是中国精神……"

《粤游琐记》是欧阳予倩 1929 年发表在《南国月刊》第 1 卷第 1 期上的一篇对话体文章，收入图传第六章"回龙桥畔试新声（1929—1931）"。欧阳予倩同时代人田汉、洪深等似乎都偏爱用这种对话体来分析问题、直抒胸臆。欧阳予倩在《粤游琐记》中假设 A 和 B，以我和我的朋友的戏剧性对话讨论了为什么会到广东搞戏剧运动、办戏剧研究所等话题。欧阳予倩说他是个"平民的艺术研究者，并不要带上特别的色彩，以自外于民众，以自取隔阂"。强调自己"不过是一个普通伶人，便拿伶人的资格和伶界同人说话。同时集合伶界同志养成新演员，站立在社会民众面前说话"。欧阳予倩希望伶界的同人"大大的觉悟，脱除一切的羁绊枷锁，整饬自己的人格"。他"很希望有个小剧场，集合些青年，将非介绍不可的欧洲近代剧列个表，设法顺着次序表演一下……将来必定要办戏杂志，拿种种问题彻底的讨论一下"。此刻的欧阳予倩提出"创造适时代为民众的新剧"，他的小剧场蓝图也在计划之中。1929 年 2 月成立的广东戏剧研究所设在泰康路回龙桥的回龙上街，附设演剧学校在回龙下街。同年 5 月创刊学术刊物《戏剧》。广东戏剧研究所时期的欧阳予倩，其戏剧理想是内容以民众为标准，形式一切以世界戏剧共通的趋势为标准。总而言之，要民众的，中国的，世界的。"回龙桥畔试新声（1929—1931）"一章收有欧阳予倩 1931 年致胡适的信，信中请胡适为研究所成立二周年赐题数语；收有邀请民族学家、人类学家杨成志为研究所上课的信；收有广东戏剧研究所附设演剧学校第二次公演时全体教职工的合影……广东戏剧研究所时期的欧阳予倩团结了一批有志之士，胡春冰负责编纂股，唐槐秋负责剧务股，马思聪和陈洪负责管弦乐队。学校设演剧系和文学系，演剧系分话剧班和歌剧班。香港剧界的卢毅、李晨凤，广东粤剧院导演陈酉名、粤剧演员罗品超，中央乐团的指挥章彦，都曾是演剧系的学生。据当年就读于演剧学校戏剧文学系的袁文殊回忆，除作为基础的文化课如国文、英文外，业务课有戏剧概论、戏剧史、剧本研究、乐理、小说研究、词典研究、文艺思潮、国学概论、美学概论、英国文学选读等。"教师中间，除本所的欧阳予倩、胡春冰、陈洪、唐槐秋、严工上等等外，还有从岭南大学、中山大学等校请来兼课的如何思敬、陈荣捷等有名望的教授。"①

　　《参加苏联第一届戏剧节》是欧阳予倩 1945 年 6 月 10 日在广西昭平办《广西日报·昭平版》时期回望 1933 年 6 月参加苏联第一届戏剧节的印象

---

① 　袁文殊：《从广东戏剧研究所到广东左翼剧联》，《戏剧梦断录》，文津出版社，1994，第 285 页。

记，刊在他在该报开辟的专栏《怀旧录》上，连载到 6 月 20 日。本图传第七章"风檐茹恨写新歌（1932—1937）"节选了这篇怀旧录，作为传主生平事迹的文字补叙。1933 年苏联之行是欧阳予倩艺术人生的重要节点，是他现代戏剧观逐渐成熟的阶段。在艰苦卓绝的抗战岁月，欧阳予倩参加苏联第一届戏剧节时留下的日记和纪念品存放在香港，这部分文献想必已全部散失，他只有通过回忆之舟重回 1930 年代的莫斯科，描出那一届戏剧节的轮廓。对戏剧的痴迷使得欧阳予倩成为第一位以私人身份参加苏联第一届戏剧节的中国人，并且那时进步中国知识分子如欧阳予倩所说对苏联都有些幻想式的向往之情。《参加苏联第一届戏剧节》记录了欧阳予倩与泰伊洛夫会面交谈，接受莫斯科艺术剧院招待参观资料室、剧场和舞台的生动场景……他详尽描述了他在戏剧节之外看到的梅耶荷德的舞台剧，描述了那部使奥斯特洛夫斯基原作徒增社会批判性的戏剧演出《森林》。时移世易，这篇文字不仅清晰记录了欧阳予倩的访苏见闻与心得，更显现出欧阳予倩对戏剧艺术的深刻见地。

1942 年 9 月，欧阳予倩的《后台人语 一》刊登在熊佛西主编的《文学创作》创刊号上，接下来《后台人语 二》《后台人语 三》《后台人语 四》陆续在《文学创作》上发表。《后台人语》不仅是欧阳予倩戏剧生活的传记，更是近现代中国剧场艺术工作者后台生活与工作不可多得的文字记录，是欧阳予倩的戏剧笔记，更是 20 世纪中国漫长戏剧史不可多得的生动注脚。在《后台人语》系列中，欧阳予倩的足迹跨越古老中国的南北东西，在欧阳予倩的少时旧游之地桂林，1938 年 5 月他受留日同学、广西大学校长马君武邀请前往改良桂剧；1938 年 9 月 1 日赴香港，受到唐槐秋率中国旅行剧团迎接……中国旅行剧团的香港变故和为中华艺术剧团排剧的前后经过也在欧阳予倩笔下得到细致的披露。图传第七章"风檐茹恨写新歌（1932—1937）"节选了《后台人语　二》、《后台人语　三》和《后台人语　四》的内容。身在桂林担任广西省立艺术馆馆长的欧阳予倩追忆 1938 年"八一三"淞沪抗战前后的上海戏剧界救亡宣传"千秋同敌忾"的经过，追忆亲历的《保卫芦沟桥》联合公演，追忆上海伶界联合会，追忆与金素琴一起组织中华剧团赶编演出《梁红玉》，追忆因被特务威逼离开第二故乡上海的经过。

《电影半路出家记》是作为影人的欧阳予倩对过往电影生涯的记录，分载于《中国电影》1959 年第 3 期和《电影艺术》1961 年第 1 期、第 2 期。这些文字记录了本是戏剧工作者的欧阳予倩从新华公司到明星公司，离开明星进联华，参与中国早期电影活动的经历。欧阳予倩一生中有三个时期集中从事电影工作，分别是 1926 年、1934—1938 年和 1948 年。在这断断续续的三个时期中，他创编的剧本与影片有《玉洁冰清》《三年之后》《天涯歌女》《新桃花扇》《清明时节》《小玲子》《木兰从军》《海棠红》《如此繁华》《关不住的春光》《恋爱之道》等，共 13 部。欧阳予倩在中国电影界的资质、声望和影响从辑录在图传里的同时期老照片中得以完整展现。图传第九章"浮沉磨折无自由（1946—1948）"，集中了欧阳予倩游走在舞台与银幕之间的生活，摘自《电影半路出家记》中"香港永华影业公司种种"部分。《恋爱之道》是欧阳予倩在香港拍摄的最后一部电影，1948 年的欧阳予倩在

《恋爱之道》特刊上写道:"当这片子在观众面前放映的时候,一个新中国已经不是希望和理想,而是现实,铁的现实了……我就以这部片子送走可诅咒的旧中国,迎接人民的新中国。"

"芬芳桃李遍神州(1949—1962)"是图传最后一章,标题出自田汉《悼欧阳予倩同志诗七首》①。1949年春天,田汉与欧阳予倩重聚北京,他们一起参加人民政协,"一起到天安门城楼上看升起的五星红旗,一起参加新中国成立之初的一些规划工作"。如田汉所说,他们半生以来寤寐以求发展祖国戏剧事业现在以国家规模逐步在实现了。"在南通、在广州、在桂林,予倩惨淡经营而成果有限的戏剧教育事业于今作为党和国家的文化教育上的一个组成部分在大力进行了,而党把这一部分的责任交给了予倩。"②

从1949年到1962年的13年,是欧阳予倩人生抱负得以实现的13年。他亲眼所见一个千疮百孔、支离破碎的国家发生翻天覆地的变化。1949年7月,他参加中国戏曲改进会发起人集会。1949年9月,他作为无党派民主人士受邀参加了新中国第一届全国政治协商会议。1949年10月,中央文化教育委员会成立,欧阳予倩为文化教育委员会委员;11月,欧阳予倩得到毛泽东主席为国立戏剧学院题写校名的回信。对于欧阳予倩而言,毛主席告诉他自己读过《自我演戏以来》,让他兴奋不已、百感交集。③1950年4

---

① 田汉:《悼欧阳予倩同志诗七首》,《上海戏剧》1962年第10期。
② 田汉:《他为戏剧运动奋斗了一生》,《戏剧艺术论丛》第3辑,中国戏剧出版社,1980。另载于《欧阳予倩文集》卷首"代序"。
③ 参见李伯钊《追念欧阳予倩同志》,《戏剧报》1962年第12期。

月 2 日，中央戏剧学院召开成立大会，欧阳予倩为庆祝学院成立发表《序幕致词》。在《胜利一周年——庆祝中华人民共和国开国一周年联合特刊》上欧阳予倩发表《开国周年志感》，表达了"欢悦、感激、兴奋和向上之心"。他感言自己是个自由职业者，生平以演戏、编戏、导演戏而活，自从接受了革命的号召，尤其是这一年来参加了些实际工作，"一篇伟大的革命的史诗的每一个字，每一个旋律，每一个节奏，深深地印在心上，不知不觉忘了自己的年龄，想进一步要求自己，希望朋友们多给我策励！"[①]

中央戏剧学院从无到有，欧阳予倩做了大量开创性工作。他组织编写教学大纲，筹建台词和形体教研室，参与歌剧系、话剧系、崔承喜舞蹈研究班的教学。1950 年 9 月，欧阳予倩带领中央戏剧学院舞蹈团师生，响应世界和平签名，创作出新中国第一部舞剧《和平鸽》。1951 年他在给中央戏剧学院话剧团的题词中提出要建立自己的表演体系的现实任务和历史使命。1952 年在第一届全国戏曲观摩演出大会中他负责调查研究组。1953 年，他躺在病房里"写成了《京剧一知谈》《谈粤剧》《中国戏曲资料选辑序言》"。[②] 1954 年，他与曹禺、李伯钊一起当选为第一届全国人大代表。1955 年在欧阳予倩主持下，新中国系统学习斯坦尼体系的中央戏剧学院表演干部训练班开班。1956 年，他受命担任中国访日京剧代表团副团长兼总导演，与团长

---

① 欧阳予倩:《开国周年志感》,《胜利一周年——庆祝中华人民共和国开国一周年联合特刊》,《文艺报》《人民文学》《人民美术》《人民戏剧》《人民音乐》联合刊发，1950。

② 李伯钊:《悼欧阳予倩同志》,《李伯钊文集》,解放军出版社，1989，第 158 页。

梅兰芳一起极大推动了战后中日文化交流。在日本见到了日本音乐学者林谦三先生，得知他即将脱稿《东亚乐器考》，建议将书译成中文介绍到中国供学习、借鉴和参考，并在1962年如约为该书中文版撰写叙言。1957年他与夏衍、田汉、阳翰笙一起提出举办话剧运动五十年纪念及搜集整理话剧运动史资料出版话剧史料集的建议。1958年参与筹划艺术研究科学院，带领一帮青年潜心从事中国舞蹈史的研究。杨荫浏说："他是提倡舞蹈史研究工作的首要人员之一。1956年11月，中国古代舞蹈史研究小组成立，他当了艺术指导。1958年他完成了《唐代舞蹈》的初稿。这是我国历史上首次出现的一本舞蹈史。欧阳老开创于前，青年舞蹈史家们继起于后。"[①]《图传》收入一封1952年欧阳予倩写给冯至的信，就是专门请教中国舞蹈史问题的。1959年他为苏联科学院艺术史艺术理论研究所撰写论文《话剧、新歌剧与中国戏剧艺术传统》。曾担任中央戏剧学院副院长兼学院党总支书记的张庚认为，欧阳予倩的艺术修养、舞台实践经验和深厚的学术知识使得他在晚年不仅总结表演的经验，"还总结戏剧史的经验，写出了粤剧等地方戏的历史；更进一步推广，把我国表演艺术的历史从戏剧扩展到舞蹈，使得我国书籍文献所罕见的这一部分文化史到今天能逐渐公之于世，欧阳老的开创之功是不可没的"。[②]

《我的思想汇报》和《中央戏剧学院十年》是关于欧阳予倩的两篇重要文献，其中写于1960年1月24日的《我的思想汇报》为首次公开。欧阳予

①　杨荫浏：《怀念欧阳老》，欧阳予倩主编《唐代舞蹈》，上海文艺出版社，1980。
②　张庚：《欧阳予倩论文集·序》，上海文艺出版社，1984。

倩坦白自己对新中国成立初期历次运动的态度，字里行间是特定时代的政治要求和对中国共产党的真情流露。欧阳予倩的入党波折第一次出现在文字中。欧阳予倩 1952 年就申请入党，因为有民主人士的背景，统战部起初不同意他加入党组织，他的入党申请一直到 1955 年 4 月才被正式讨论通过。这一历史细节极具代表性。欧阳予倩表示："党吸收一个党员应当反复考查。党认为我在党外比较好，我就做一个非党布尔什维克，党几时说我可以做党员，我就加入组织。"图传最后一章所收文献突出反映了作为知识分子代表的欧阳予倩对艺术真理的追求和内在强烈的政治抱负，反映出欧阳予倩担任中央戏剧学院院长期间对新中国文化建设、对外文化交流和高等戏剧教育的贡献。该章集中了大量反映欧阳予倩在中央戏剧学院 13 年的学术与艺术工作、生活的珍贵照片。先生之风，山高水长，一个承先启后的广博而精严的戏剧教育家、戏剧实践者、艺术学者的形象跃然纸上。

1956 年，中国舞蹈艺术研究会制定了中国舞蹈史的十二年规划，欧阳予倩亲自带领研究会的年轻人，帮助他们从古籍文献中整理、积累了一套《中国古代舞蹈史资料》。1957 年 1 月，欧阳予倩与田汉、夏衍、阳翰笙联合提出举办话剧运动五十年纪念及收集整理话剧运动史资料出版话剧史料集的建议，建议提出希望保有资料的同志，充分提供资料，不管是图片、说明书、宣传品、批评文字、剧本、幕表……欢迎有系统的叙述或片段的回忆录……倡导者欧阳予倩率先垂范，写出了《回忆春柳》和《谈文明戏》两篇有助于中国早期话剧史研究的重要文章。欧阳予倩对亲身经历的演剧生涯和演剧形态朴素真实的叙述回忆和分析，使这两篇长文成为信史的基础。《回忆春柳》被收入本书中，欧阳予倩在《回忆春柳》中依据中村忠行先生赠予的早稻田大学博物馆保存的《黑奴吁天录》节目单，开启记忆之门。"《黑奴吁天录》演过以后，春柳社全体照过一张像，这张照片和当时一些剧照我一直保存着，不幸在抗日战争当中和我的住宅一同被烧掉了。不然我看着相片还可以想起更多的事。"所幸的是我们找到了欧阳予倩所说的这张合影，将其与那张节目单一起放入了《图传》显著的位置，跟其他重要图像一样，均予以放大，如同人生的特写镜头。古稀之年的欧阳予倩感慨："我们只是想演正式的悲剧，正式的喜剧，依镜若的想法，把团体巩固起来，介绍一些世界名作，这不但是在那个时候行不通，后来一直也没有行通。中国的话剧是按照另外一条道路发展的。那就是利用新的戏剧艺术形式，结合中国社会发展的丰富内容，承继中国戏剧的优秀传统，因时因地用各种不同的、生动活泼的斗争方式推动运动，建立为中国广大群众所喜闻乐见的、为人民服务的话剧艺术。五十年来的经验证明了这一点，我们那时候不懂，也不可能懂。"[1]

"演艺之事，关系于文明至巨。"春柳开场，《黑奴吁天录》节目单上的这句话穿越百年，进入读者的视线。我们希望本图传用关于欧阳予倩的文图推开中国近现代历史的窗户，用与"中国戏剧界有广泛深入精神联系"[2]的欧阳予倩的文图抵达中国话剧的开场与华章。我们希望文字与图像之间互相成就，构建出多重的叙事空间，展现活跃在 20 世纪中国的"艺通新旧、学

---

[1]　欧阳予倩：《回忆春柳》，《戏剧论丛》第三辑，中国戏剧出版社，1957。

[2]　张庚：《欧阳予倩同志，您永远活在我们中间》，《北京日报》1962 年 9 月 27 日。

贯中西"①的欧阳予倩，展开 20 世纪文化史的多个历史现场。希望本《图传》扫除成见，补充认识和史料的不足，成为中国近现代艺术史、戏剧史研究的材料基础。最后，我们希望本图传更像是一出由欧阳予倩与他同时代人共同创作的文献剧，借助图像学，打通艺术史与思想史，作为中国现代知识分子的精神图像和精神遗产以一种历久弥新的时代张力在时间的长河中不断地被观看、被接受、被重启。

高 音

2025 年 4 月 2 日

于中央戏剧学院戏剧艺术研究所

---

① 张光年：《悼念欧阳予倩同志》，《文艺报》1962 年第 10 期。

图书在版编目（CIP）数据

欧阳予倩文献图传 / 高音主编；杨乐，林金姬编 .

北京：社会科学文献出版社，2025.6.——ISBN 978-7
-5228-5159-4

Ⅰ.K825.78；J809.25

中国国家版本馆 CIP 数据核字第 2025N01S97 号

欧阳予倩文献图传

主　　编 / 高　音
编　　者 / 杨　乐　林金姬

出 版 人 / 冀祥德
责任编辑 / 石　岩
责任印制 / 岳　阳

出　　版 / 社会科学文献出版社 · 历史学分社（010）59367256
　　　　　地址：北京市北三环中路甲29号院华龙大厦　邮编：100029
　　　　　网址：www.ssap.com.cn
发　　行 / 社会科学文献出版社（010）59367028
印　　装 / 三河市东方印刷有限公司

规　　格 / 开　本：787mm×1092mm　1/16
　　　　　印　张：24.5　字　数：274千字
版　　次 / 2025年6月第1版　2025年6月第1次印刷
书　　号 / ISBN 978-7-5228-5159-4
定　　价 / 158.00元